O MITO DA GRANDE CLASSE MÉDIA

Marcio Pochmann

O MITO DA GRANDE CLASSE MÉDIA
capitalismo e estrutura social

Copyright © Boitempo Editorial, 2014
Copyright © Marcio Pochmann, 2014

Coordenação editorial	Ivana Jinkings
Editoras-adjuntas	Bibiana Leme e Isabella Marcatti
Assistência editorial	Thaisa Burani
Preparação	Sara Grünhagen
Revisão	Luciana Lima
Diagramação	Antonio Kehl
Capa	David Amiel sobre foto de Daniel Oines, 2007
Produção	Livia Campos

CIP-BRASIL. CATALOGAÇÃO NA PUBLICAÇÃO
SINDICATO NACIONAL DOS EDITORES DE LIVROS, RJ

P793m
    Pochmann, Marcio, 1962-
    O mito da grande classe média: capitalismo e estrutura social / Marcio Pochmann. - 1. ed. - São Paulo : Boitempo, 2014.
    (Mundo do Trabalho)

    Inclui bibliografia
    ISBN 978-85-7559-370-7

    1. Classe média - Brasil. 2. Estrutura social - Brasil. 3. Brasil - Condições sociais. 4. Brasil - Condições econômicas. 5. Desenvolvimento econômico - Brasil. I. Título. II. Série.

14-11093   CDD: 305.550981
                                                       CDU: 316.342.2

É vedada, nos termos da lei, a reprodução de qualquer parte deste livro sem a expressa autorização da editora.

Este livro atende às normas do Acordo Ortográfico da Língua Portuguesa em vigor desde janeiro de 2009.

1ª edição: abril de 2014; 1ª reimpressão: março de 2015

BOITEMPO EDITORIAL
Jinkings Editores Associados Ltda.
Rua Pereira Leite, 373
05442-000 São Paulo SP
editor@boitempoeditorial.com.br | www.boitempoeditorial.com.br
www.blogdaboitempo.com.br | www.facebook.com/boitempo
www.twitter.com/editoraboitempo | www.youtube.com/imprensaboitempo

Como a tradição autoritária da sociedade brasileira não pode admitir a existência de uma classe trabalhadora que não seja constituída pelos miseráveis deserdados da terra, os pobres desnutridos, analfabetos e incompetentes, imediatamente passou-se a afirmar que surgiu uma nova classe média, pois isso é menos perigoso para a ordem estabelecida do que uma classe trabalhadora protagonista social e política.

(Marilena Chaui, *Uma nova classe trabalhadora*)

SUMÁRIO

Prefácio – *Marilena Chaui* 9
Apresentação 15
1. Classe média em quatro tempos 19
    1.1. No capitalismo da livre concorrência 20
    1.2. No capitalismo oligopolista 22
    1.3. No capitalismo pós-industrial 24
    1.4. No capitalismo monopolista transnacional 27
    Considerações finais 44
2. Classe média: fatos e interpretações no Brasil 47
    2.1. Padrão de crescimento econômico e estrutura social no capitalismo avançado do segundo pós-guerra 49
    2.2. Industrialização tardia e subconsumo da classe trabalhadora brasileira 54
    2.3. Ascensão dos trabalhadores pobres e projeto social-desenvolvimentista 62
    Considerações finais 71
3. Cadeias globais de produção e ciclos de modernização no padrão de consumo brasileiro 73
    3.1. Cadeias produtivas globais e massificação do consumo de baixo custo 76

3.2. Ciclos de modernização do padrão de consumo no Brasil............. 85
Considerações finais.. 113

4. Trajetórias distributivas no Brasil 115
4.1. Sentido geral da mobilidade social... 116
4.2. Transformações na estrutura ocupacional 118
4.3. Mudanças na distribuição da renda 125
Considerações finais.. 139

Referências bibliográficas.. 141

PREFÁCIO

Erguendo-se contra as simplificações neoliberais e pós-modernas acerca do capitalismo contemporâneo, este livro, ao passar da aparência à essência do social, esclarece como e por que se propala mundo afora a ideia de "medianização" das sociedades e, no Brasil, a da existência de uma nova classe média. De fato, uma vez que a perspectiva neoliberal se assenta sobre a afirmação da suposta racionalidade do mercado para a regulação da vida social, ela conduz à defesa da privatização dos direitos sociais sob a forma da compra e venda de bens e serviços, de maneira que, politicamente, a afirmação da "medianização" das sociedades fortalece a supressão de políticas sociais universais como ação do Estado. Por outro lado, no caso específico do Brasil, os programas governamentais de transferência de renda, implantados desde 2004 (como expressão das lutas sociais e populares dos anos 1970-1990), levaram à incorporação socioeconômica de vasta parcela dos trabalhadores de baixa renda, até então destinados ao subconsumo, aos padrões de consumo de bens duráveis consagrados pelo capitalismo de modelo industrial fordista, consumo que só era possível para os segmentos de classe média e rendas superiores. O acesso ao consumo de bens duráveis e serviços por aqueles até há pouco deles excluídos conduziu à afirmação do surgimento de uma nova classe média brasileira.

As afirmações sobre a "medianização" das sociedades urbanas e industriais e a do surgimento de uma nova classe média brasileira, que poderiam parecer apenas um equívoco de interpretação, indicam, na verdade, a absorção (deliberada, em certos casos; involuntária, em outros) da ideologia e da política neoliberais como foco de análise e ação. Ou, como explica Pochmann, a ausência de uma análise das classes sociais em sua determinação concreta ou segundo as condições reais de sua base material redunda em "um voluntarismo teórico inconsistente com a realidade, salvo interesses específicos ou projetos políticos de redução do papel do Estado".

Duas análises fundamentais sustentam este livro.

A primeira demonstra que a noção de classe média não é unívoca, e sim heterogênea, pois sua realidade e seu sentido se modificam quando acompanhamos as mudanças do e no modo de produção capitalista desde a fase do capitalismo da livre concorrência até a do capitalismo monopolista transnacional contemporâneo. Esse movimento histórico passa da classe média definida como pequena proprietária à classe média assalariada e, hoje, ao seu estilhaçamento e à sua precarização, invalidando os critérios do rendimento, da ocupação e da escolaridade para defini-la. Esse primeiro foco de análise levanta, de maneira cuidadosa e minuciosa, dados mundiais que evidenciam que as condições atuais do capitalismo esvaziam "a concepção predominante de 'medianização' das sociedades urbanas e industriais" e levam à "perspectiva do declínio, para não dizer do mito, da grande classe média assalariada".

A segunda direção da análise se volta para o caso específico da sociedade e da economia brasileiras, alertando para os problemas de uma política que aceite a ideia de surgimento e crescimento de uma nova classe média, pois tal aceitação estimula a desigualdade social, promove a sociedade de serviços, isto é, a terceirização e precarização do trabalho, e altera a estrutura da sociedade brasileira com a aposta no consumo e na ideologia liberal da mobilidade social. Os dados trazidos por Pochmann indicam que a classe média *assalariada* brasileira surge a partir da industrialização iniciada com JK e cresce decisivamente com as políticas econômicas da ditadura, com as quais ocorre também o aumento do grau de escolarização e da obtenção de diplomas (ou dos signos de prestígio almejados pela classe média), assim como a "proliferação de empregos associados à intensa desigualdade de renda" e de padrões de consumo de serviços de baixo custo, em vista do excedente de mão de obra ocasionado pelas migrações do campo para as cidades e das regiões mais pobres para as mais ricas, criando "uma legião de serviçais" que, juntamente com os diplomas, deram à classe média o sentimento de ascensão social.

Todavia, o ponto nuclear deste livro, em sua decisão de colocar-se na contracorrente do senso comum econômico-sociológico, consiste em evidenciar o crescimento e o fortalecimento da classe trabalhadora brasileira.

O ponto de partida é a comparação entre a situação da classe trabalhadora nos países centrais do capitalismo sob a ação do Estado de bem-estar social e do fordismo e, na mesma época, a da classe trabalhadora brasileira num processo de industrialização tardio e periférico sob a ação direta do Estado, sob a dependência econômica e tecnológica dos países centrais e sob a perpetuação da desigualdade econômico-social, determinada por um mercado de trabalho desigual.

Em suma, diversamente dos países centrais, no Brasil o processo de industrialização ocorreu sem o Estado de bem-estar social e, portanto, sem as reformas básicas na estrutura social (reformas agrária, urbana, tributária, sindical, da educação e da saúde), ou melhor, ocorreu com reformas que privilegiaram a cúpula da pirâmide social (a elite branca e a classe média urbana branca) – ou, como mostra Pochmann, "entre 1965 e 1977, [...] a remuneração dos cargos de direção de empresas subiu 145%, enquanto o salário médio dos operários aumentou apenas 17%". O esvaziamento do poder sindical pela ditadura juntamente com o rebaixamento do salário mínimo, o arrocho salarial, o desemprego, o trabalho informal e a repressão permitiram que "o processo de redistribuição intersalarial no interior do mercado de trabalho brasileiro [fosse] possibilitado pela transferência de renda da base da pirâmide social para a sua cúpula, sobretudo durante o regime militar". A remuneração dos trabalhadores ficou presa às despesas com alimentação e habitação. Em contrapartida, o mercado privilegiou os segmentos já favorecidos, como foi o caso do crédito bancário, do qual a base da pirâmide social ficou excluída. Em resumo, escreve Pochmann: "Completados quase cinquenta anos de consolidação do centro dinâmico urbano e industrial no Brasil, constituiu-se uma sociedade deformada composta pelos extremamente ricos, pela classe média não proprietária e pela ampla maioria da população situada na base da pirâmide social". Em 1980, quando o Brasil passou a figurar como a oitava economia do mundo, a taxa de pobreza absoluta atingia 48,5% da população e a parcela salarial representava apenas 50% da renda nacional.

Os anos 1980 verão o surgimento do novo sindicalismo, a promulgação da nova Constituição, inspirada pela ideia dos direitos sociais e, portanto, pelos princípios de justiça e solidariedade e pelo Estado de bem-estar social, com a exigência de vinculação de fundos públicos para a educação e a criação do Sistema Único de Saúde e do Sistema de Assistência e Previdência Social. Porém, essas mudanças exigiram batalhas para que o novo sindicalismo e os movimentos populares não fossem completamente freados pela adoção de políticas neoliberais e seu cortejo de desemprego, exclusão social e prioridade para o pagamento da dívida externa deixada pela ditadura.

Essas lutas ganharam expressão política nacional com a derrota eleitoral do neoliberalismo, e delas resultou a inflexão econômica e da estrutura da sociedade brasileira, ocorrida a partir de 2004. De fato, os dados trazidos por Pochmann indicam o decréscimo populacional da base da pirâmide social: entre 1997 e 2004, ela era de 34% da população nacional; de 2005 a 2008, passou a 26%. Isso significou que 11,7 milhões de pessoas passaram para os estratos sociais de maior renda e ganharam maior representatividade populacional. Como consequência, o centro da pirâmide social, que era de 21,8% da população em 1995, subiu para 37,9% em 2008. E no topo da pirâmide social houve crescimento relativo de 16,2%. Entre 2001 e 2008, a renda *per capita* nacional cresceu 19,8%, e, com isso, 19,5 milhões de brasileiros registraram aumento real de seu rendimento individual acima da evolução da renda *per capita*, o que corresponde a 11,7% do total de brasileiros. Quase 71% das mudanças na base da pirâmide social se deram nas regiões Nordeste e Sudeste.

A questão trazida por essas mudanças é clara: pode-se dizer que surgiu e cresceu uma nova classe média no Brasil? Ora, explica Pochmann, o conceito de classe média empregado pelos analistas corresponde ao período do capitalismo industrial de tipo fordista e não alcança a realidade atual das classes sociais no modo de produção capitalista em sua fase toyotista (ou pós-industrial) monopolista transnacional.

O foco da análise é o exame da chamada sociedade *low cost*, o que permite determinar as causas da diminuição da desigualdade no consumo de bens duráveis e serviços, em decorrência da formação de cadeias produtivas mundiais que acarretam a diminuição dos preços relativos de tais bens e serviços, com efeitos sobre os rendimentos da população. No caso do Brasil, com a inserção do país nessas cadeias transnacionais e graças ao novo sindicalismo, que conquistou os contratos coletivos de trabalho (trazendo ganhos de produtividade acima da inflação) e obteve eleitoralmente vitória política contra o neoliberalismo, houve a adoção de políticas econômicas e sociais de estímulo ao pleno emprego, de aumento real do salário mínimo, de combate ao desemprego, à pobreza e à desigualdade da renda, de ampliação de programas de garantia do salário indireto (os gastos sociais que, durante a ditadura, correspondiam a 14% do PIB, em 2010 corresponderam a 23% do PIB), de aumento em 39,7% da presença feminina nas ocupações (o que elevou a renda média familiar) e de estímulo ao consumo por parte dos segmentos que pertencem à base da pirâmide social. Houve, assim, mudanças no padrão de consumo na base da pirâmide social, com o surgimento do consumo de massa de baixo custo ou do consumo popular não só de bens duráveis e serviços, mas também de tecnologias de informação e comunicação e de acesso aos bens culturais.

Como escreve Pochmann: "de forma tardia, o país incorporou uma parcela considerável da classe trabalhadora que ainda se mantinha à margem do acesso ao consumo dos bens duráveis. [...] A parcela constitutiva dos 40% mais pobres do conjunto da população brasileira terminou sendo receptora do maior impacto decorrente do movimento de ascensão social do período recente", na medida em que 38% da população mais pobre do país teve acesso ao emprego (na faixa de 1,5 salário mínimo mensal) e aos benefícios sociais decorrentes dos programas de transferência de renda, incluindo também os inativos, uma vez que o salário mínimo serve de indexador para o piso da previdência e assistência social. Os dados trazidos por Pochmann permitem perceber que essas mudanças foram acompanhadas por outras, referentes às ocupações nos setores secundário e terciário da economia e à distribuição da renda (familiar e individual), com significativa queda da desigualdade entre os extremos da pirâmide social (tanto para os que possuem escolaridade superior e média quanto para os que não a possuem).

No entanto, o que este livro evidencia é que, se isto é o que se passa na materialidade real da sociedade brasileira, não é assim que o processo *aparece*.

Ou seja, dois dos critérios centrais de que se dispunha tradicionalmente para determinar o pertencimento à classe média (e reforçados pela ditadura, primeiro, e pelo neoliberalismo, depois), isto é, o consumo de bens duráveis e serviços e o crédito bancário, se desfazem na materialidade real, uma vez que esses critérios, agora, alcançam a classe trabalhadora (e, sobretudo, os trabalhadores mais pobres). No entanto, *ideologicamente* esses critérios continuam aparecendo como definidores da classe média, donde o prestígio ideológico tanto da ideia de "medianização" da sociedade quanto da afirmação de que surgiu no Brasil uma nova classe média, contra todos os dados concretos que mostram de maneira inequívoca o surgimento de uma nova classe trabalhadora brasileira.

Livro de análise contra o senso comum, este é também um livro de combate político, atento aos riscos do encobrimento da realidade social não apenas pelo imaginário neoliberal, mas também pela tradição autoritária da sociedade brasileira, que, avessa ao sentido democrático dos direitos, naturaliza e valoriza positivamente a divisão social como oposição entre o privilégio e a carência.

Marilena Chaui
São Paulo, fevereiro de 2014

APRESENTAÇÃO

O último quarto do século passado fortaleceu os sinais de descrédito quanto às experiências de socialismo real e aos consensos constituídos em torno do Estado de bem-estar social, isto é, aos dois dos principais projetos políticos de êxito e de grande envergadura na revolução profunda ou na reforma considerável do modo de produção capitalista da era moderna.

Concomitantemente à ascensão do modelo neoliberal – não desaconselhado pela parceria com a chamada terceira via (ou neoliberalismo com desconto) –, transcorreu mais uma onda de modernização do capitalismo determinada por avanços tecnológicos, sobretudo no campo da produção de informação e comunicação. Não obstante o quadro de crise do capitalismo globalizado, gerador de maior desemprego, pobreza e desigualdade em termos de renda, riqueza e poder, o balanço das últimas três décadas segue ainda inconcluso, alimentado que está por dificuldades de considerável dimensão.

Uma delas emerge do esvaziamento da perspectiva teórica totalizante e crítica ao capitalismo, presente, em geral, nas análises atualmente existentes. Certamente, a fragmentação do saber especializado, que predomina na concepção pós-moderna da sociedade, contribui enormemente para isso.

Na sequência encontra-se outra dificuldade de análise, associada à predominância do ambiente contrarreformista liberal-conservador, provocador de constantes desvios de atenção por parte das ciências sociais, particularmente no que tange aos temas das classes, da estratificação e da mobilidade social. O apequenamento das agendas de pesquisa levou ao empobrecimento das interpretações sobre os rumos do capitalismo e seus impactos perversos nas sociedades atuais.

É nesse sentido que a complexidade dos problemas cada vez mais profundos encontra paradoxalmente a simplificação das respostas como terreno fértil para a prevalência de uma abordagem limitada sobre as sociedades contemporâneas. Encaixa-se nesta perspectiva a temática da estrutura social brasileira, nitidamente transbordada de realidade por força do superdimensionamento fictício de uma grande e nova classe média, descontextualizada de qualificação analítica e de base empírica consistente.

Exemplo disso parece ser a arbitrária identificação de dois em cada três trabalhadores domésticos como pertencentes à "nova classe média" brasileira. No mesmo diapasão, destaca-se o registro no qual um em cada dois chefes de família sem escolaridade ou com ensino fundamental incompleto é incluído na condição de "nova classe média" ou, ainda, na mesma classificação social da metade das famílias que mora em favelas no país.

Causa estranheza adicional reconhecer que mesmo defensores da existência de uma "nova classe média" no Brasil terminam por reproduzir velhos argumentos utilizados por cientistas sociais liberais e neoliberais europeus desde o final da década de 1980 para situações distintas[1]. Interessa aqui, contudo, ressaltar que a insistência de alguns em superdimensionar o conceito de classe média revela a miragem gerada em favor da substituição das políticas sociais universais por aquelas de menor custo, ou seja, focalizadas estritamente nos fundamentalmente miseráveis da estrutura social.

Se um país assume a condição majoritária de classe média, mesmo que na condição de mito, abre-se a possibilidade de ser vista até como natural a defesa de serviços ofertados exclusivamente pelas forças de mercado. A partir do rendimento de "nova classe média", o projeto político da liberdade de comprar o que melhor convier se expressaria pelo meio propagandístico da justiça social, ainda que falsa.

Neste horizonte em que aportam os vetores recauchutados do neoliberalismo impulsionado pelo Banco Mundial e por suas articulações no plano nacional, cabe também a defesa de um consumismo a ser atendido de

---

[1] B. Jobert (org.), *Le tournant néo-libéral en Europe* (Paris, L'Harmattan, 1994); A. Giddens, *Beyond Left and Right: The Future of Radical Politics* (Cambridge, Polity, 1994).

maneira crescente pelas importações de bens e serviços. A consequência disso tem tido o destino certeiro da desindustrialização do parque produtivo nacional e da especialização das exportações no velho e conhecido extrativismo mineral e vegetal. Novamente o Estado segue sendo o foco dos ataques antidesenvolvimentistas da abertura passiva e subordinada e do ajuste fiscal permanente.

Por outro lado, o enfrentamento do movimento maior de esvaziamento do parque produtivo manufatureiro e do rebaixamento da pauta de exportação poderia fornecer a receita necessária e coerente para a geração de verdadeiros postos de trabalho de classe média aos brasileiros. Ao mesmo tempo, o reposicionamento de uma nova plataforma dos serviços públicos guardaria relação direta tanto com o pleno atendimento das demandas atuais – secularmente não resolvidas pelo setor privado – quanto com a portabilidade das novas e verdadeiras ocupações de classe média.

É por essas razões que o presente livro pretende ser uma contribuição adicional ao debate sobre as alterações em curso na estrutura social brasileira. Quatro são suas partes constitutivas, tendo a primeira a urgência de situar no tempo os distintos entendimentos a respeito das classes sociais, especialmente porque, no caso da classe média, sua definição e constatação não deveriam ocorrer de forma isolada, mas associada ao próprio desenvolvimento do modo de produção capitalista, conforme o capítulo inicial busca fazer.

A segunda parte coloca no centro do debate a perspectiva da classe trabalhadora brasileira frente à imposição da condição de subconsumo derivado do ciclo de industrialização tardia e à resistência dos segmentos dominantes em aceitar as mesmas reformas civilizatórias realizadas nas economias capitalistas avançadas. O exemplo desses mesmos países demonstra, aliás, que a constante inclusão no consumo de massa de novos segmentos sociais ao longo do segundo pós-guerra não terminou por conduzir à mudança de classe social; ao contrário, essa mudança foi fruto da pressão e implementação da agenda da classe trabalhadora por governos de esquerda.

A terceira parte volta-se à análise do salto recente no consumo dos brasileiros, sobretudo daqueles pertencentes à base da pirâmide social, como resultado das políticas sociais-desenvolvimentistas. Isso não obscurece, contudo, outros aspectos, como a alteração nos preços relativos fundamentalmente à modernização do padrão de consumo da população, constituído em meio ao avanço do capitalismo monopolista e transnacional.

A quarta e última parte concentra a reflexão sobre o movimento de retorno à mobilidade social na primeira década do século XXI. Após a longa noite constituída pelas duas últimas décadas de congelamento da estrutura social brasileira, consolidou-se uma expressiva geração de novas ocupações acompanhada por uma consistente política de rendas voltada para o deslocamento da curva da distribuição de renda dos 40% mais pobres da população. A identificação desses segmentos e a análise do movimento geral da ocupação e do rendimento reforçam os laços significativos da volta da mobilidade social ascendente no país, sobretudo na base da pirâmide social brasileira, que nada tem de nova, tampouco de classe média.

São Paulo, setembro de 2013

1. CLASSE MÉDIA EM QUATRO TEMPOS

O termo classe média não atende a uma base conceitual de origem controlada, sendo por isso incerto e tendo significados distintos ao longo do tempo. Ademais, o desdobramento derivado da determinação de grupos sociais concretos tendeu a se diferenciar não apenas ao longo do tempo, como também por regiões geográficas mundiais e por países.

Em geral, a expressão classe média requer considerar – por ter sua força constitutivamente marcada pelo desenvolvimento capitalista – a temporalidade em que este específico segmento social ganhou identidade analítica. Com base na revisão da literatura especializada, tornou-se possível estabelecer em quatro tempos históricos distintos a evolução das definições de classe média, e isso de forma concomitante às principais transformações estruturais no modo de produção capitalista.

Assim, busca-se situar ao longo do desenvolvimento capitalista a identificação do tema da classe média a partir de um breve resgate do debate realizado acerca das classes sociais. O maior destaque, contudo, concentra-se no período mais recente de repercussões na classe média derivadas de mudanças substanciais no modo de reprodução do capital.

Isso tudo porque, ao longo do tempo, o capitalismo não levou à simplificação da estrutura social, mas, sim, tornou cada vez mais complexo e diversificado o seu entendimento. O reconhecimento de que o modo de produção capitalista requer para a sua expansão a existência de um centro dinâmico estruturado por economias satélites aponta para a conformação de padrões de desenvolvimento desiguais e combinados.

É no centro dinâmico do capitalismo que se explicitam mais claramente as principais implicações para a estrutura social, estando, por isso, nele o foco inicial da abordagem sobre o tema da classe média. Não se desmerece, entretanto, o debate referente à classe média realizado na periferia do sistema capitalista, mesmo porque ele tende a revelar distinções significativas no interior da estrutura social, sempre que guardadas as devidas atenção e consideração. Isso é o que se pode observar em análises sobre o tema[2].

Por ser um fenômeno histórico determinado por acontecimentos díspares, porém conectados ao funcionamento dos distintos modos de produção, a estrutura de divisão do trabalho alterou-se ao longo do tempo e conforme o espaço territorial. É nesse sentido que as classes podem ser vistas como processos vivos e em movimentos conflituosos, ou melhor, como produtos de um conjunto de estruturas relacionadas com as esferas econômicas, políticas, culturais e ideológicas[3].

Na sequência apresentam-se as distintas manifestações identificadoras da temática da classe média à luz de quatro principais tempos históricos de transformação no modo de produção capitalista. Em cada um desses tempos, modalidades distintas de interpretação da classe média são destacadas.

1.1. No capitalismo da livre concorrência

Desde a Primeira Revolução Industrial e Tecnológica ocorrida na Inglaterra, a velha estrutura social herdada do feudalismo entrou em decomposição. O entendimento a respeito da emergência do capitalismo e de suas consequências

---

[2] Ver: B. Kaiser, Pour une analyse de la classe moyenne dans les pays du Tiers Monde, *Revue Tiers Monde*, Paris, v. 26, n. 101, jan.-mar. 1985, p. 7-30; A. Bárcena e N. Serra (orgs.), *Clases medias y desarrollo en América Latina* (Santiago/Barcelona, Cepal/Cidob, 2010).

[3] Um bom debate a este respeito encontra-se em: B. Carter, *Capitalism, Class Conflict and the New Middle Class* (Londres, Routledge/Kegan Paul, 1985); N. Poultanzas, *Les classes sociales dans le capitalisme aujourd'hui* (Paris, Seuil, 1974); E. Thompson, *A formação da classe operária inglesa: a árvore da liberdade* (trad. Denise Bottmann, Renato Busatto Neto, Cláudia Rocha de Almeida, Rio de Janeiro, Paz e Terra, 1987); P. Anderson, *Arguments Within English Marxism* (Londres, Verso, 1980); A. Przeworski, *Capitalism and Social Democracy* (Cambridge, MIT, 1985).

na estruturação da nova sociedade urbana e industrial encontrou interessantes esforços interpretativos naquela oportunidade.

Na perspectiva anglo-saxônica, a transição do servo pertencente à antiga sociedade feudal europeia para a condição de operário urbano nas indústrias inglesas em plena manutenção da nobreza resultaria no aparecimento de um segmento intermediário, identificado por classe média. Na realidade, a classe média seria expressão da própria burguesia nascente, constituindo-se por industriais e comerciantes capitalistas emergentes[4].

Essa interpretação, contudo, não tardou a ser contestada. Pela perspectiva marxista, poderia haver uma classe intermediária em relação aos extremos do desenvolvimento capitalista concorrencial, estruturada entre o pauperismo dos operários urbanos e a riqueza apropriada pela nobreza.

O avanço de uma onda da industrialização retardatária disseminada em países como Alemanha, França e Estados Unidos gerou novas interpretações a respeito das classes sociais presentes no capitalismo de livre concorrência. Para além da perspectiva anglo-saxônica da classe média como expressão da burguesia em ascensão, surge uma visão de classe média associada ao desenvolvimento dos serviços urbanos, portadores da autogestão no interior do próprio trabalho[5].

Resumidamente, ela seria formada por segmentos sociais constituídos por trabalhadores intelectuais com interesses materiais e perspectivas ideológicas comuns, incapazes de serem situados tanto na classe operária quanto na burguesa. A classe média dos serviços, expressa por ocupações mais intelectualizadas, foi uma contribuição dos anarquistas do final do século XIX.

Diferentemente disso, Karl Marx procurou afastar qualquer possibilidade da existência de classes intermediárias à polarização estabelecida entre as classes estruturais (operária e burguesa) da sociedade capitalista em expansão. Isso porque o movimento de acumulação de capital se configuraria como um processo de proletarização do trabalho. Mesmo havendo classes intermediárias

---

[4] Para mais detalhes, ver: L. James, *The Middle Class: A History* (Londres, Little, Brown, 2006).

[5] Ver: M. Bakunin, Marx, the Bismarck of Socialism, 1870, em L. Krimerman e P. Perry (orgs.), *Patterns of Anarchy: A Collection of Writings on the Anarchist Tradition* (Nova York, Anchor Books, 1966).

acima dos antagonismos diretos entre proletários e burgueses, elas seriam concebidas como provisórias. De um lado, haveria a presença de uma pequena burguesia constituída por pequenos proprietários na agricultura, no comércio e na produção urbana, que se apresentaria como uma espécie de resíduo de sociedades pré-capitalistas. De outro, existiriam segmentos assalariados compostos por empregados e técnicos superiores e portadores de relações ambíguas entre operários e burgueses. Esses segmentos intermediários estariam em fase de transição para a condição de proletarização decorrente do movimento geral do capital[6].

1.2. No capitalismo oligopolista

Desde a segunda metade do século XIX, a força da Segunda Revolução Industrial e Tecnológica e a irradiação da industrialização retardatária para mais países, como Itália, Rússia e Japão, geraram mudanças ainda mais profundas no padrão de desenvolvimento capitalista. O impacto sobre a estrutura social urbana e industrial não tardou a ocorrer, impulsionando um rico e diversificado debate acerca do desenvolvimento capitalista e das classes sociais.

Isso porque, com a grande empresa, o capitalismo de livre competição se direcionou para uma estrutura competitiva oligopolizada, e o preço final da grande empresa se expressou pelo afastamento do exclusivo movimento entre oferta e demanda para evoluir na definição de uma margem de lucro adicionada ao custo total de produção. O tamanho da margem de lucro tenderia a refletir o grau de monopólio de cada empresa.

Com isso, o preço da mão de obra empregada tornou-se custo fixo na grande empresa, cujo contingente de ocupados passou para a casa de milhares, contrastando com o perfil das micro e pequenas empresas vigentes até então. Nesse sentido, a administração de múltiplas tarefas associadas às grandes empresas determinou o aparecimento de novas ocupações tecnificadas da produção para além das necessidades do chão de fábrica, como é o caso da supervisão, gerência e diretoria, entre outras tarefas da burocracia empresarial nas áreas de vendas, recursos humanos, compras, marketing etc.

---

[6] Ver: K. Marx, *Grundrisse: manuscritos econômicos de 1857-1858: esboços da crítica da economia política* (trad. Mario Duayer et al, São Paulo, Boitempo, 2011).

Em síntese, o predomínio das técnicas do fordismo compreendeu a formação de um novo contingente de quadros de nível técnico e superior nas grandes empresas públicas e privadas. Ao mesmo tempo, a passagem do antigo Estado mínimo vigente no capitalismo de livre competição para o Estado de bem-estar social do capitalismo oligopolista significou a ampliação do emprego público para cerca de um quarto da população ocupada.

De maneira geral, o emprego público representou uma absorção significativa de mão de obra qualificada para dar conta de uma variedade de serviços de educação, saúde, assistência, entre outros de maior remuneração. Em virtude disso, a somatória do emprego de cargos de nível médio e superior nas grandes empresas públicas e privadas e no setor público permitiu ampliar a definição inicial de classe operária para a de classe trabalhadora.

Essa mudança importante na estrutura das sociedades urbanas e industriais convergiu para interpretações distintas, como no caso da definição de classe média. Logo, na passagem para o século XX, ganhou destaque a controvérsia gerada entre comunistas e social-democratas europeus sobre estrutura social. De um lado, temos aqueles que identificaram o surgimento e o fortalecimento de uma nova classe média, relacionados às ocupações de gestores e técnicos não diretamente associadas à relação capital-trabalho, ainda que submetidas às condições gerais de reprodução ampliada do capitalismo[7]. Por essa concepção, uma nova classe média viria substituir a antiga, formada por pequenos burgueses (micro e pequenos empresários, artesãos, comerciantes e profissionais liberais, entre outros), que fora contida gradualmente pelo processo de centralização e de concentração do capital oligopolizado. Assim, a ampliação dos segmentos ocupacionais intermediários resultaria da expansão da grande empresa fordista, capaz de alterar a velha estrutura social[8].

---

[7] Ver: K. Kautsky, *A ditadura do proletariado* (trad. Eduardo Sucupira Filho, São Paulo, Ciências Humanas, 1979); E. Bernstein, *Las premisas del socialismo y las tareas de la socialdemocracia* (trad. Alfonso Aricho, Cidade do México, Siglo Veintiuno, 1982); A. Teixeira (org.), *Utópicos, heréticos e malditos: os precursores do pensamento social de nossa época* (Rio de Janeiro, Record, 2002).

[8] Ver: C. Mills, *White Collar: The American Middle Classes* (Oxford, OUP, 2002); J. Burnham, *The Managerial Revolution* (Bloomington, IUP, 1960); G. Simmel, *Sociologie et épistémologie* (Paris, PUF, 1981).

Por outro lado, a redução relativa da classe operária em comparação com o número total de ocupados seria percebida como insuficiente para diminuir o seu protagonismo no processo de transformação da sociedade capitalista e tampouco comprometeria o papel da luta de classe estabelecida no interior de uma sociedade gerada pelo modo de produção capitalista[9].

O caminho de "medianização" da sociedade seria observado como intrínseco à geração ampliada de ocupações de classe média e ao movimento de homogeneização do assalariamento regulado e, também, como estruturador do conjunto do funcionamento do mercado de trabalho. Isso se tornou mais evidente nos países onde o Estado de bem-estar social com garantias de renda e a difusão do consumo de massa se mostraram uma realidade capaz de contrair o grau de polaridade entre as classes operária e burguesa, especialmente durante os trinta anos gloriosos (1945-1975) de queda da pobreza absoluta, de elevação da renda e de pleno emprego da mão de obra nas economias centrais[10].

1.3. No capitalismo pós-industrial

A reconstrução europeia ocorrida a partir do final da Segunda Guerra Mundial (1939-1945) transcorreu simultaneamente à difusão do processo de industrialização tardia em alguns países capitalistas na América, na Ásia e na África (África do Sul, Argentina, Brasil, Coreia, Índia, México, entre outros). A difusão do fordismo segundo o padrão manufatureiro estadunidense impactou a ocupação nos países de maneira generalizada, sem resultar, necessariamente, em mudanças semelhantes na estrutura social.

Ademais, as nações de industrialização madura (EUA, Japão, França e Inglaterra, por exemplo) passaram a conviver com um decréscimo relativo da população ocupada no setor industrial em comparação com o gigantismo do setor terciário, sobretudo de serviços, a partir da segunda metade do século XX. Adiciona-se a isso o processo de transição dos padrões de produção

---

[9] Para mais detalhes, ver: V. Lenin, A revolução proletária e o renegado de Kautsky, em *Obras escolhidas* (Lisboa, Avante, 1977).

[10] Ver: R. Nisbet, The Decline and Fall of Social Class, *Pacific Sociological Review*, Berkeley, UCP, v. 2, n. 1, 1959, p. 11-7; H. Mendras, *La seconde révolution française: 1965-1984* (Paris, Gallimard, 1988).

fordista da grande empresa para o toyotismo, assentado no modelo de empresa enxuta, de menor hierarquia e de contida burocratização da base técnica e superior por meio da generalização das terceirizações, que ocorreram inicialmente nas ocupações de menor remuneração. Com isso, uma série de interpretações surgiu buscando entender os impactos desse arranjo sobre a estrutura de classes sociais, bem como a configuração da classe média. De imediato, com a expansão do setor de serviços reascendeu-se o debate em torno do trabalho produtivo e improdutivo.

Em geral, entendeu-se que no capitalismo do final do século XX não faria mais sentido diferenciar o trabalho produtivo do improdutivo, uma vez que o conjunto dos assalariados estaria submetido à lógica do capital, seja nas fábricas, seja nos escritórios, seja nos comércios, nos bancos, entre outros[11]. Alguns traços disso se associaram à redefinição da classe média assalariada que se encontrava tanto no setor privado, na gerência entre operários e proprietários, quanto no Estado, relacionado à administração do fundo orçamentário intermediado por interesses públicos e privados[12].

Além disso, a mudança na composição das ocupações estimulada pela queda relativa dos setores primário e secundário da economia e pela elevação significativa dos serviços em atividades de produção, distribuição, social e pessoal gerou interessante discussão sobre a natureza do capitalismo. Uma nova classe média dos serviços estaria sendo influenciada pela transição para a sociedade pós-industrial capaz de alterar a polarização na estrutura tradicional de classes entre proletários e burgueses. Em vez do conflito capital-trabalho, emergiram conflitos maiores entre os detentores e os não detentores das informações estratégicas[13].

---

[11] Ver: M. Nicolaus, *El Marx desconocido: proletariado y clase media en Marx: coreografía hegeliana y dialéctica capitalista* (trad. Fernando Santos Fontenla, Barcelona, Anagrama, 1972); H. Braverman, *Trabalho e capital monopolista: a degradação do trabalho no século XX* (trad. Nathanael C. Caixeiro, 3. ed., Rio de Janeiro, Zahar, 1980).

[12] Ver: B. Carter, *Capitalism, Class Conflict and the New Middle Class*, cit.; R. Fausto, *Marx: lógica e política: investigações para uma reconstituição do sentido da dialética* (2. ed., São Paulo, Brasiliense, tomo 2, 1987); F. Oliveira, O surgimento do antivalor: capital, força de trabalho e fundo público, *Novos Estudos*, São Paulo, Cebrap, n. 22, 1988, p. 8-28.

[13] Ver: D. Bell, *O advento da sociedade pós-industrial: uma tentativa de previsão social* (trad. Heloysa de Lima Dantas, São Paulo, Cultrix, 1977); A. Touraine, *La société post-industrielle: naissance d'une société* (Paris, Denoël/Gonthier, 1969); C. Offe, New Social Movements:

É nesse sentido que se trataria de uma nova classe média portadora de futuro, com significativo poder sobre as formas de controle e de técnicas racionais de dominação que atingem a todas as esferas da vida social[14]. Essa concepção acerca da existência de uma nova classe média dos serviços não tardou a sofrer reação da parte de outras visões distintas. Por um lado, daquelas interpretações que identificavam o movimento geral do desenvolvimento capitalista como responsável por levar à perda da centralidade do trabalho, o que terminava por esvaziar, assim, o seu papel fundamental na integração social[15]. Por outro, dos estudos que reforçavam as transformações no interior da classe trabalhadora diante das mudanças no capitalismo geradas pela revolução informacional[16].

Assim, a multipolarização da identidade do conjunto dos assalariados de base informacional levaria ao esvaziamento do papel da representação dos sindicatos e ao rebaixamento da convergência em favor do Estado de bem-estar social. Em virtude disso, a identificação de uma nova classe média com expressão política seria a perspectiva de alguns autores ao desenvolverem a hipótese da "medianização" da sociedade presente nas ocupações descentralizadas e não hierarquizadas em expansão no capitalismo pós-industrial[17]. Outros autores, contudo, rebateram com descrença esse movimento na estrutura social, insuficiente para mover os avanços de um liberalismo libertário sem

---

Challenging the Boundaries of Institutional Politics, *Social Research*, Nova York, The New School, v. 52, n. 4, 1985, p. 817-68.

[14] Ver: A. Gouldner, *El futuro de los intelectuales y el ascenso de la nueva clase* (trad. Néstor Míguez, Madri, Alianza, 1979); P. Bourdieu, *Distinction: A Social Critique of the Judgement of Taste* (trad. Richard Nice, Londres, Routledge, 1984).

[15] Ver: A. Gorz, *Adeus ao proletariado: para além do socialismo* (trad. Angela Ramalho Vianna, Sérgio Góes de Paula, 2. ed., Rio de Janeiro, Forense Universitária, 1987); C. Offe, *Capitalismo desorganizado: transformações contemporâneas do trabalho e da política* (trad. Wanda Caldeira Brant, São Paulo, Brasiliense, 1989).

[16] Ver: S. Mallet, *La nouvelle classe ouvrière* (Paris, Seuil, 1963); J. Lojkine, *La classe ouvrière en mutations* (Paris, Messidor, 1986); Idem, *La révolution informationnelle* (Paris, PUF, 1992); R. Antunes, *Adeus ao trabalho?: ensaio sobre as metamorfoses e a centralidade do mundo do trabalho* (São Paulo/Campinas, Cortez/Editora da Unicamp, 1995).

[17] Ver: A. Giddens, *A terceira via: reflexões sobre o impasse político atual e o futuro da social-democracia* (trad. Maria Luiza X. de A. Borges, Rio de Janeiro, Record, 1999); B. Jobert (org.), *Le tournant néo-libéral en Europe*, cit.

alteração profunda no modo de exploração dos assalariados. Isso, é claro, na perspectiva daqueles autores convictos em relação ao avanço do trabalho imaterial como reorganizador da nova estrutura social[18].

1.4. No capitalismo monopolista transnacional

A diversidade de estruturas sociais vigentes no início do século XXI reflete o curso de uma nova divisão internacional do trabalho. Quanto mais acelerada for a dinâmica econômica, maior tende a ser a força das mudanças sociais cujo peso da ocupação e renda ganha destaque.

Não sem motivo, os estudos sobre mobilidade social ascendente tendem a se concentrar nos países da região sul do mundo, uma vez que são eles, cada vez mais, os que respondem pela maior parcela da produção global. Assim, quanto maior for o crescimento econômico sustentado pela força do capitalismo industrial, mais ampla tende a ser a modificação da estrutura social.

O deslocamento do passado das sociedades agrárias, praticamente sem grandes mudanças sociais para o presente das sociedades de classes amparadas pelo curso da industrialização e suas consequências em termos de mobilidade intra e intergeracional, tem sido apresentado como referência destacada nos estudos sobre estrutura social. Destaca-se, ainda, a conformação de uma classe média, intermediária à polarização entre as duas classes estruturadoras do capitalismo industrial (proletários e burgueses).

Em países de conteúdo dinâmico associado à exploração dos recursos naturais, a estrutura social tendeu a distanciar-se pouco das antigas sociedades agrárias, de modo que a classe média existente se manteve prisioneira à posse de pequena propriedade e aos negócios. As economias vinculadas à base dos serviços, cujas ocupações não apoiam a estrutura produtiva industrial e agropecuária, demonstraram ser divergentes com a perspectiva de uma classe média assalariada.

---

[18] Ver: A. Gorz, *O imaterial: conhecimento, valor e capital* (trad. Celso Azzan Júnior, 2. ed., São Paulo, Annablume, 2009); L. Habib, *La force de l'immatériel: pour transformer l'économie* (Paris, PUF, 2011).

Na realidade, ocorreu expansão, em geral, das ocupações simples e relacionadas aos serviços pessoais e domésticos, ambos dependentes da renda das famílias ricas. Diferentemente disso, constata-se que somente nos países de maior produção industrial vigorou a formação de uma densa classe média estruturada, não proprietária e assalariada.

Reconhecendo-se que a maior dimensão da classe média assalariada relaciona-se à estrutura produtiva industrial, percebe-se que o deslocamento da produção manufatureira de grande parte das regiões do norte para as do sul do planeta impõe novas consequências para a estrutura social dos países. Nesse sentido, o objetivo deste capítulo é analisar o surgimento de uma nova divisão geográfica da classe média no mundo. Antes disso, contudo, destaca-se a relação da mobilidade social com a classe média. Na sequência, consideram-se o deslocamento geográfico da riqueza e suas consequências para a classe média no mundo e no Brasil.

1.4.1. Padrões de mobilidade e classe média

A natureza da diferenciação entre indivíduos e classes bem como a sucessão de destinos pessoais e geracionais encontram-se direta e indiretamente associadas à diversidade de organização das sociedades. Ao se tomar como referência o conceito de mobilidade social (intra e intergeracional) enquanto medida de mudança no interior das sociedades, podem ser identificados dois tipos fundamentais de estruturação social.

O primeiro tipo se vincula ao sistema de castas, cuja existência de grupos hereditários se apresenta praticamente impermeável às mudanças sociais. Assim, ao longo do tempo essa estrutura de sociedade terminou sendo a referência geral das antigas sociedades agrárias, sem sinais importantes de mobilidade social.

O desenvolvimento das sociedades sem classes desconhecia, em geral, a presença da propriedade privada, mantendo por longo tempo a estabilidade nas relações sociais[19]. Mas o estatuto social definido pela hereditariedade

---

[19] Ver: M. Godelier, *Antropologia* (trad. Evaldo Sintoni et al, São Paulo, Ática, 1981); M. Mazoyer e L. Roudart, *História das agriculturas no mundo: do neolítico à crise contemporânea* (trad. Cláudia F. Falluh Balduino Ferreira, São Paulo, Editora Unesp, 2009); K. Marx, *O 18 de brumário de Luís Bonaparte* (trad. Nélio Schneider, São Paulo, Boitempo, 2011).

predominou até a consolidação do sistema de classes sociais, sobretudo com a emergência das sociedades urbanas e industriais a partir da segunda metade do século XVIII[20].

O desenvolvimento da base industrial capitalista permitiu difundir um segundo tipo de estruturação de sociedade caracterizado por significativas mudanças intra e interclasses sociais. Afora a difusão da propriedade privada combinada com a estruturação da sociedade em classes, ocorreu um conjunto de mudanças sociais significativas na passagem do velho agrarismo para o capitalismo industrial. Em síntese, a repetição no tempo de segmentos similares e homogêneos foi o traço marcante das primitivas sociedades agrárias, enquanto nas sociedades industriais capitalistas generalizou-se a noção moderna de classe social[21].

Com o avanço da produção manufatureira para além de sua origem inglesa, especialmente pela difusão dos padrões de industrialização retardatária e tardia, desde o século XIX a estruturação da sociedade em classes passou a ser compreendida por sua dimensão global, ainda que prisioneira de condições fundamentalmente nacionais. A diversidade de possibilidades nas trajetórias pessoais e geracionais associou-se à consolidação da produção de manufatura, gerando a expectativa de conformação de sistemas de relações sociais relativamente menos heterogêneos entre países[22].

Nesse sentido, a inserção no mundo do trabalho configurou-se como referência na delimitação constitutiva e de desenvolvimento dos distintos estratos sociais. O aparecimento do termo classe média não proprietária

---

[20] Para mais detalhes a respeito de mobilidade e estruturação social, ver: K. Marx, *O capital: crítica da economia política* (trad. Reginaldo Sant'Anna, 22. ed., Rio de Janeiro, Civilização Brasileira, 2004); E. Durkheim, *Da divisão do trabalho social* (trad. Eduardo Brandão, 2. ed., São Paulo, Martins Fontes, 2004); D. Merllié e J. Prévot, *La mobilité sociale* (Paris, La Découverte, 1997).

[21] Para estudos sobre classe social nas sociedades industriais capitalistas ver: R. Dahrendorf, *Class and Class Conflict in Industrial Societies* (Londres, Routledge/Kegan Paul, 1959); A. Touraine, *La conscience ouvrière* (Paris, Seuil,1966); N. Poultanzas, *Les classes sociales dans le capitalisme aujourd'hui*, cit.

[22] Ver: J. Dunlop, *Sistemas de relaciones industriales* (trad. Amadeo Monrabá, Barcelona, Península, 1978); C. Kerr et al, *Industrialism and Industrial Man: The Problems of Labor and Management in Economic Growth* (Princeton, PUP, 1975); H. Braverman, *Trabalho e capital monopolista: a degradação do trabalho no século XX*, cit.

vinculou-se à diferenciação das ocupações assalariadas intermediárias no interior da estrutura produtiva de base industrial, permitindo a sua distinção em relação ao tradicional conceito de classe média proprietária[23].

Em grande medida, a difusão do fordismo nas sociedades industriais ocorreu como norma na organização do trabalho e no estilo de desenvolvimento da produção de bens de consumo duráveis ao longo do século XX. Ainda que marcadamente estadunidense, a estruturação do mercado de trabalho efetuou-se considerando a menor insegurança no emprego e o rendimento associado a planos de cargos e salários praticados na grande empresa. Isso ocorreu, em geral, onde a produção de manufatura aumentou substancialmente, como nos países do centro do capitalismo mundial[24].

Também teve importância o papel do Estado na definição do padrão de mobilidade social assentado nas sociedades industriais. As políticas públicas voltadas ao pleno emprego da força de trabalho, especialmente a partir do fim da Segunda Guerra Mundial, contribuíram decisivamente para uma nova estruturação social, em que a classe média exerce um papel importante[25]. Essa dimensão da classe média mais associada ao desenvolvimento do Estado de bem-estar social circunscreveu os países europeus no segundo pós-guerra.

---

[23] Ver: C. Mills, *White Collar*, cit.; R. Erikson e J. Goldthorpe, *The Constant Flux: A Study of Class Mobility in Industrial Societies* (Oxford, Clarendon, 1993).

[24] Ver: M. Aglietta, *Regulación y crisis del capitalismo: la experiencia de los Estados Unidos* (trad. Juan Bueno, Cidade do México, Siglo Veintiuno, 1979); P. Doeringer e M. Piore, *Internal Labour Markets and Manpower Analysis* (2. ed., Nova York, Sharpe, 1985); D. Gordon, R. Edwards e M. Reich, *Segmented Work, Divided Workers: The Historical Transformation of Labor in the United States* (Cambridge, CUP, 1982); F. Zweig, *The Worker in an Affluent Society: Family Life and Industry* (Londres, Heinemann, 1969); M. Pochmann, *Políticas do trabalho e de garantia de renda no capitalismo em mudança: um estudo sobre as experiências da França, da Inglaterra, da Itália e do Brasil desde o segundo pós-guerra aos dias de hoje* (São Paulo, LTr, 1995).

[25] Ver: H. Wilensky, *The Welfare State and Equality: Structural and Ideological Roots of Public Expenditures* (Berkeley, UCP, 1975); A. Przeworski, *Capitalism and Social Democracy*, cit.; C. Offe, *Capitalismo desorganizado*, cit.; W. Beveridge, *Pleno empleo en una sociedad libre* (trad. Pilar López Máñez, Madri, MTSS, 1988); R. Castel, *As metamorfoses da questão social: uma crônica do salário* (trad. Iraci D. Poleti, 2. ed., Petrópolis, Vozes, 1998); J. Galbraith, *O novo estado industrial* (trad. Leônidas Gontijo de Carvalho, São Paulo, Abril Cultural, 1982).

Desde o último terço do século XX, contudo, o padrão de mobilidade social motivado pelos avanços da sociedade no nível urbano e industrial sofre importantes alterações, que se dão inicialmente nos países de capitalismo avançado. O esvaziamento da produção industrial combinado com a expansão do setor de serviços na economia faz regredir a estrutura de classes até então existente[26]. Adiciona-se a isso o fato de que o predomínio das políticas neoliberais reorientou o papel do Estado e favoreceu o avanço da globalização desregulada e cada vez mais orientada pelo poder da grande corporação transnacional. A autonomização do poder das altas finanças ocorreu simultaneamente ao maior movimento de deslocamento das plantas industriais do antigo centro do capitalismo estadunidense para regiões periféricas, sobretudo asiáticas.

Em síntese, o ambiente anterior de homogeneização do mercado de trabalho deu lugar a desiguais situações de trajetórias ocupacional e social. A passagem para um assalariamento multipolar levou, por exemplo, ao estilhaçamento da tradicional classe média não proprietária.

Em certo sentido, percebe-se a decomposição da classe média fordista, com a desconstrução dessa identidade diante da crescente desvalorização dos diplomas em meio à massificação dos ensinos técnico e superior e à precarização generalizada dos postos de trabalho. Tudo isso consagrou a fase de ruptura do modelo voltado para a sociedade de classe média[27].

Ademais, com a transição da sociedade industrial para a sociedade de serviços, o peso da indústria decaiu mais rapidamente desde a década de 1970, acelerando um movimento já observado desde os anos de 1950. Nessa circunstância, a temática da classe média formada a partir dos serviços ganhou novas perspectivas.

Para alguns autores, a estrutura de classes até então existente sofreu pressão direta das ocupações derivadas do trabalho imaterial relacionado ao

---

[26] Para um melhor detalhamento do padrão de mobilidade social nos países de capitalismo avançado, ver: R. Erikson e J. Goldthorpe, *The Constant Flux*, cit.; E. Wright, Rethinking, Once Again, the Concept of Class Structure, em E. Wright (org.), *The Debate on Classes* (Londres, Verso, 1989).

[27] Ver: L. Chauvel, *Le destin des générations: structure sociale et cohortes en France au XXe siècle* (2. ed., Paris, PUF, 2002); G. Lavau, G. Grunberg e N. Mayer, *L'univers politique des classes moyennes* (Paris, PFNSP, 1983); D. Antunes, *Capitalismo e desigualdade* (Campinas, IE/Editora da Unicamp, 2011).

maior peso do conhecimento[28]. Ou seja, a gradual alteração da estrutura social tornou-se cada vez mais compatível com a ascensão de uma economia desmaterializada[29], cuja diferenciação das formas de ocupação fez crescer também as noções de *inside* (protegido) e de *outside* (desprotegido) no interior do próprio assalariamento[30].

O antigo movimento de estruturação do mercado de trabalho passou, inclusive, a dar lugar a trajetórias do desemprego, do contrato parcial de trabalho, entre outras formas de ocupação precária. Em grande medida, a passagem do fordismo para o novo sistema de produção (toyotista) terminou sendo acompanhada de crescente instabilidade nos destinos ocupacionais, distante da incorporação dos ganhos de produtividade, sem proteção do Estado e ausência de regulação pública[31].

Na sociedade dos serviços generalizados das economias capitalistas avançadas, a transição do padrão de mobilidade social ocorre seguida de importantes debates que questionam a utilização recorrente das clássicas categorias de classe social, conformadas que eram anteriormente pela dinâmica própria do capitalismo industrial. Sociedade individualizada, sociedade líquida, classes de serviços, sociedades sem classes, multidões, classes globais, entre outros, são os termos que têm sido usados na profusão de

---

[28] Ver: J. Bindé (org.), *Rumo às sociedades do conhecimento: relatório mundial da Unesco* (Lisboa, Instituto Piaget, 2008); A. Touraine, *La société post-industrielle*, cit.; D. Masi (org.), *A sociedade pós-industrial* (São Paulo, Senac, 1999); K. Kumar, *Da sociedade pós-industrial à pós-moderna: novas teorias sobre o mundo contemporâneo* (trad. Carlos Alberto Medeiros, 2. ed., Rio de Janeiro, Zahar, 1997); M. Castells, *A sociedade em rede* (São Paulo, Paz e Terra, 1999); C. Bidou-Zacharlasen, À propos de la "service class": les classes moyennes dans la sociologie britannique, *Revue Française de Sociologie*, Paris, v. 41, n. 4, 2000, p. 777-96.

[29] Ver: A. Gorz, *O imaterial*, cit.; H. Amorim, *Trabalho imaterial: Marx e o debate contemporâneo* (São Paulo, Annablume/Fapesp, 2009); O. Bomsel, *L'économie immatérielle: industries et marchés d'expériences* (Paris, Gallimard, 2010).

[30] Ver: L. Chauvel, *Le destin des générations*, cit.; A. Lipietz, *La société en sablier: le partage du travail contre la déchirure sociale* (Paris, La Découverte, 1996).

[31] Ver: R. Kazis e M. Miller (orgs.), *Low-Wage Workers in the New Economy: Strategies for Productivity and Opportunity* (Washington, DC, UIP, 2001); R. Infante (org.), *La calidad del empleo: la experiencia de los países latinoamericanos y de los Estados Unidos* (Santiago, OIT, 1999); J. Freyssinet, *Le temps de travail en miettes* (Paris, L'Atelier, 1997); R. Sennett, *O declínio do homem público: as tiranias da intimidade* (trad. Lygia Araújo Watanabe, São Paulo, Companhia das Letras, 1999).

estudos sobre transformações recentes nas estruturas sociais no centro do capitalismo mundial[32].

Por conta disso, o desenvolvimento da produção com menor participação do setor industrial tem gerado certo paradoxo diante do instrumental de análise a respeito da estruturação das sociedades. Tanto assim que há autores que identificam a nova conformação social criada pelo capitalismo global, nem sempre comprometida com o regime democrático, com a expansão econômica e social[33], enquanto outros já não possuem mais a mesma perspectiva[34].

De todo modo, o debate a respeito da mobilidade social nas economias avançadas parece diferenciar-se em relação ao curso dos novos acontecimentos em diversos países, sobretudo os subdesenvolvidos. Isso porque se observa a difusão ainda em curso da industrialização tardia tanto em diversos países asiáticos como também em outros que, mesmo sem completar plenamente a industrialização (por exemplo, alguns da América Latina), registram sinais de esvaziamento da produção de manufatura em meio à emergência da sociedade de serviços.

Especialmente em relação à dimensão e ao conceito de classe média, a realidade das economias não desenvolvidas aponta para uma diversidade de situações pouco contempladas pelos estudos originados nas nações ricas[35]. Se há um deslocamento na geografia global da produção industrial, a divisão

---

[32] Destacam-se, por exemplo: M. Hardt e A. Negri, *Multidão: guerra e democracia na era do Império* (trad. Clóvis Marques, Rio de Janeiro, Record, 2005); D. Rothkopf, *Superclass: The Global Power Elite and the World They Are Making* (Londres, Little, Brown, 2008); R. Frank, *Riquistão* (trad. Alessandra Mussi, Rio de Janeiro, Manole, 2008); A. Giddens, *Capitalismo e moderna teoria social: análise das obras de Marx, Durkheim e Max Weber* (trad. Maria do Carmo Cary, 5. ed., Lisboa, Presença, 2000); Z. Bauman, *A sociedade individualizada: vidas contadas e histórias vividas* (trad. José Gradel, São Paulo, Zahar, 2008).

[33] Ver: D. Coates, *Models of Capitalism: Growth and Stagnation in the Modern Era* (Cambridge/Oxford, Polity, 2000); R. Reich, *Supercapitalismo* (Rio de Janeiro, Elsevier, 2008).

[34] Ver: E. Melman, *Depois do capitalismo: do gerencialismo à democracia no ambiente de trabalho: história e perspectivas* (São Paulo, Futura, 2002); J. Beinstein, *Capitalismo senil* (trad. Ryta Vinagre, Rio de Janeiro, Record, 2001); J. Frieden, *Capitalismo global: el trasfondo económico de la historia del siglo XX* (trad. Juanmari Madariaga, Barcelona, Memoria Crítica, 2007).

[35] Ver: OCDE, *Perspectives du développement mondial: le basculement de la richesse* (Paris, OCDE, 2010); H. Kharas, *The Emerging Middle Class in Developing Countries* (Paris, OECD, 2010, Série Working Papers), n. 285.

internacional do trabalho, particularmente a da classe média, sofre alterações significativas, nem sempre consideradas pelos estudos recentes sobre mudança social[36].

Além disso, uma parte importante das investigações voltadas à identificação das mudanças sociais nos países desenvolvidos também parece deixar de incorporar aspectos fundamentais das transformações estruturais do capitalismo neste início do século XXI. O resultado disso contribui de forma expressiva para dar mais evidência à aparência do que à essência dos fenômenos sociais atuais.

1.4.2. Deslocamento da riqueza e geografia do crescimento

Desde o final da década de 1960, assiste-se ao aprofundamento dos sinais de deslocamento da produção mundial de manufatura do Ocidente para a Ásia. Inicialmente, isso se deu com o forte desenvolvimento industrial japonês iniciado nos anos de 1950, pelo apoio dos Estados Unidos à reconstrução no segundo pós-guerra.

Posteriormente, já na década de 1970, outros países asiáticos, como Taiwan, Singapura e Coreia do Sul, ganharam crescente participação na produção global de manufatura. Isso ficou mais evidente com a reestruturação japonesa a partir do final da década de 1980, capaz de transferir investimentos industriais para uma parcela da região asiática. Coincidentemente, com a proeminência da China, sobretudo na década de 1990, ocorreu um maior deslocamento da produção mundial de manufatura[37]. Em 2010, por exemplo, a China respondeu por quase 15% de toda a produção mundial de manufatura, enquanto em 1990 mal alcançava 2,5%.

---

[36] Destacam-se como análises consistentes: R. Franco, M. Hopenhayn e A. León (orgs.), *Las clases medias en América Latina* (Cidade do México, Siglo Veintiuno, 2010); A. Bárcena e N. Serra (orgs.), *Clases medias y desarrollo en América Latina*, cit.

[37] Ver: R. Leão, E. Costa Pinto e L. Acioly (orgs.), *A China na nova configuração global: impactos políticos e econômicos* (Brasília, Ipea, 2011); E. Jabbour, *China: infraestrutura e crescimento econômico* (São Paulo, Anita Garibaldi, 2006); C. Medeiros, Desenvolvimento econômico e ascensão nacional, em J. Fiori, C. Medeiros e F. Serrano (orgs.), *O mito do colapso do poder americano* (Rio de Janeiro, Record, 2008); R. Shapiro, *A previsão do futuro: como as novas potências transformarão os próximos 10 anos* (trad. Mario Pina, Rio de Janeiro, Best Business, 2010).

As projeções para o ano de 2020 apontam para uma participação equivalente da Ásia em relação à produção global de manufatura sob a responsabilidade atual dos países desenvolvidos. Estes, por sinal, apresentam desde a década de 1990 uma queda contínua em suas participações relativas no produto industrial do mundo. No ano de 2010, por exemplo, o peso dos países desenvolvidos no valor global da manufatura foi de 66,2% ante 81,5% em 1990.

Desde os anos 1980, a economia dos países asiáticos cresce mais rapidamente que a do conjunto do mundo, avançando, com isso, o peso de sua industrialização em termos globais, bem como adensando suas cadeias produtivas e diversificando as exportações. Com isso, as economias asiáticas, especialmente a da China, aproveitam a onda da globalização neoliberal para melhor se colocarem na repartição da produção global.

Em outros países, como nos da América Latina, o desempenho econômico distanciou-se da trajetória asiática[38]. O processo de abertura comercial e de integração passiva à globalização desde o final da década de 1980 resultou na redução relativa de sua participação na produção global de manufatura, ao mesmo tempo em que terminou reforçando a especialização de sua estrutura produtiva nos setores de maior conteúdo de recursos naturais e intensivos em mão de obra. Na virada para o século XXI, a participação relativa da América Latina na produção global de manufatura caiu 13,7%. No ano de 2010, por exemplo, ela foi de 6,3%, enquanto em 1990 alcançava 7,3%. (Ver figura 1.1.)

Em resumo, a economia global vem conhecendo transformações estruturais associadas ao deslocamento do antigo centro dinâmico do mundo, até então representado pelos países pertencentes à Organização para a Cooperação e Desenvolvimento Econômico (OCDE), para parte importante das economias que não fazem parte da própria OCDE. No começo da segunda década do século XXI, por exemplo, o peso dos países não membros da OCDE na repartição do PIB mundial equivalia ao pertencente ao conjunto da OCDE.

---

[38] Ver: R. Carneiro, *Commodities, choques externos e crescimento: reflexões sobre a América Latina* (Santiago, Nações Unidas, 2012, Série Macroeconomia del desarrollo), n. 117; J. Neffa e E. Toledo, *Trabajo y modelos productivos en América Latina: Argentina, Brasil, Colombia, México, y Venezuela luego de las crisis del modo de desarrollo neoliberal* (Buenos Aires, Clacso, 2010); F. Sarti e C. Hiratuka (orgs.), *Perspectivas do investimento na indústria* (Rio de Janeiro, Synergia, 2010); CNI, *O futuro da indústria no Brasil e no mundo: os desafios do século XXI* (Rio de Janeiro, Campus, 1999).

Figura 1.1 – Evolução da distribuição do valor agregado da manufatura em anos selecionados (total = 100%)

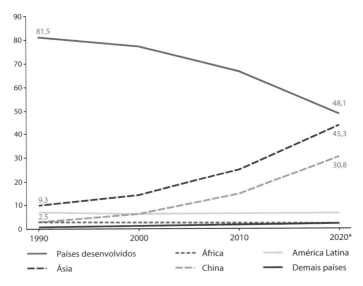

Fonte: Onudi-UN (elaboração do autor)
* Projeção

Noutras palavras, o total da produção global repartida igualmente para as duas partes do mundo, sejam os países de fora, sejam os pertencentes à OCDE. Para o ano de 2020, por exemplo, as projeções apontam para a participação relativa do conjunto das nações pertencentes à OCDE de 44% do Produto Interno Bruto global, enquanto em 1990 esse mesmo conjunto de países ricos respondia por quase dois terços do PIB global. (Ver figura 1.2.)

A mudança na repartição geográfica da riqueza mundial segue acompanhada da queda na taxa de miseráveis no mundo. É isso o que se pode constatar com base na análise da evolução do parâmetro de medida de pobreza estabelecido a partir de uma linha monetária das necessidades de consumo a serem atendidas.

De acordo com as estimativas para a dimensão dos miseráveis no mundo, compreendidos pelo rendimento *per capita* familiar de até US$1,25 por

Figura 1.2 – Evolução da participação dos países membros e não membros da OCDE no Produto Interno Bruto mundial (total = 100%)

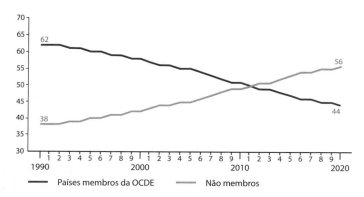

Fonte: OCDE (elaboração do autor)

dia, observa-se a queda de quase 42% de toda a população, em 1990, para menos de um quarto no início da segunda década do século XXI no planeta. (Ver figura 1.3.)

Figura 1.3 – Evolução da parcela da população mundial que vive com até US$ 1,25 por dia (PPA*)

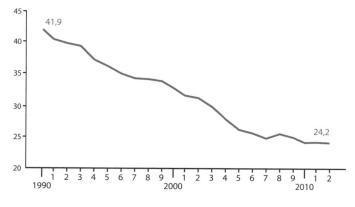

Fonte: Banco Mundial (elaboração do autor)
* PPA – Paridade no Poder Aquisitivo.

Como a maior parte da pobreza se concentra nos países não membros da OCDE, percebe-se que o deslocamento da riqueza no mundo ocorre simultaneamente à redução na parcela da população que vive diariamente com até US$ 1,25. Nesse sentido, o crescimento econômico mais intenso nos países não desenvolvidos tem permitido melhorar as condições de vida da população na base da pirâmide social. Os efeitos desse importante fenômeno na estrutura social não se apresentam homogêneos entre países. A mudança mais significativa, contudo, tende a convergir para um reposicionamento global da classe média, conforme identificada a seguir.

1.4.3. Redivisão internacional da classe média

A formação de estruturas sociais complexas deve-se à transição das primitivas sociedades agrárias para as avançadas estruturas sociais urbanas e industriais. Estas, por sinal, consolidaram trajetórias significativas de mobilidade social impulsionadas pela força do capitalismo industrial, cuja essência justificou o aparecimento de uma nova classe média não proprietária.

Ainda que a definição de classe social não deva se restringir ao critério de rendimento, utilizam-se aqui as informações oficiais existentes para comprovar as hipóteses lançadas anteriormente a respeito do desenvolvimento da classe média motivada pelo vigor do capitalismo industrial. Os países em ritmo de desindustrialização tendem a perder importância relativa de suas classes médias no total global, ao contrário daqueles beneficiados pelo deslocamento geográfico da produção de manufatura que fortaleceu ainda mais a estrutura social, com importante ênfase na classe média não proprietária. (Ver figuras 1.4 e 1.5.)

Observa-se, por exemplo, que no ano de 2009 cerca de um quarto da população do planeta era considerada de classe média pelo critério exclusivo de renda. Ou seja, o equivalente a 1,8 bilhão de pessoas, cujo rendimento médio familiar *per capita* encontrava-se entre US$ 10 e US$ 100 por dia (PPA)[39].

Para o ano de 2020, projeta-se o conjunto de 3,2 bilhões de pessoas identificadas por seu rendimento na condição de classe média, isto é, uma elevação acumulada de 76,1% em duas décadas. Por um lado, a América do Norte

---

[39] Ver: H. Kharas, *The Emerging Middle Class in Developing Countries*, cit.; OCDE, *Pérspectives économiques de l'Amérique Latine* (Paris, OCDE, 2010).

Figura 1.4 – Evolução da participação relativa da população com renda pessoal entre US$ 10 e US$ 100 por dia (PPA)

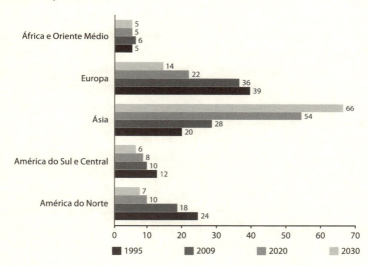

Fonte: OCDE (elaboração do autor)

Figura 1.5 – Evolução da participação relativa da população com renda pessoal entre US$ 10 e US$ 100 por dia (PPA)

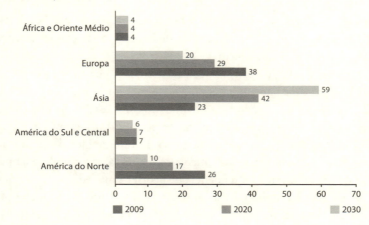

Fonte: OCDE (elaboração do autor)

parece ser a única área do planeta que aponta queda absoluta na quantidade de pessoas com rendimento classificável como de classe média (-1,5%).

Por outro lado, constata-se que somente os países pertencentes à Ásia projetam aumento absoluto e relativo na quantidade de habitantes vivendo na condição de classe média para o período de 2009 a 2020. Daqui a sete anos, por exemplo, mais de 54% da classe média medida por critério exclusivamente monetário deverá se concentrar nos países asiáticos.

Na comparação entre os anos de 1995 e 2009, o movimento de perda de importância relativa no total da classe média tornou-se ainda mais evidente nos países não asiáticos. No caso das Américas do Sul e Central, por exemplo, a diminuição relativa no total da classe média global foi de 16,6% no mesmo período de tempo.

Também se percebe o decréscimo na participação relativa, não necessariamente absoluta, da população global considerada de classe média por critério meramente monetário. Os casos mais evidentes disso são os países europeus e os da América do Norte. O inverso ocorre na trajetória dos países da Ásia. Entre 1995 e 2009 houve um aumento de 40% na expansão relativa da classe média asiática.

Ainda para o mesmo conjunto de indicadores de definição de classe média global por critério de rendimento, registra-se a redivisão no total da renda compreendida pelos segmentos de rendimento intermediário (de US$ 10 a US$ 100). Nota-se, por exemplo, que somente o conjunto de países da Ásia apresenta a expectativa de aumentar sua participação relativa no total da renda dos segmentos de classe média.

Enquanto a América do Norte projeta uma queda de 34,6% entre 2009 e 2020, a Ásia deve aumentar em 86,2% no mesmo período de referência. Para os países da América do Sul e Central projeta-se estabilidade na participação no total da renda concentrada nos segmentos de classe média.

Em consonância com o deslocamento da riqueza global identificada pelo vigor do crescimento econômico e com a força estruturadora da produção de manufatura, há a tendência de ocorrer uma redivisão geográfica da classe média no mundo. Países anteriormente industriais, como os pertencentes à América do Norte e à Europa, perderam a participação relativa na divisão global da classe média, ao passo que a concentração da produção de manufatura na Ásia faz convergir o maior peso da classe média para aquela parte do mundo.

1.4.4. Experiência brasileira recente

De acordo com o que foi apresentado até aqui, diversos países desenvolvidos, após terem alcançado a maturidade industrial, passaram a conviver com o movimento de desindustrialização absoluta ou relativa. E isso por dois motivos: por um lado, em função do crescimento dos serviços associados à revolução informacional desde a década de 1970, e, por outro, em razão do deslocamento das plantas de manufaturas a partir da década de 1980 para, em grande medida, a região asiática.

Com a formação das cadeias produtivas globais, estimuladas crescentemente pelo maior grau de monopólio das grandes corporações transnacionais, terminou por se distinguir cada vez mais a parte de cada país em relação ao total da produção mundial. Em função disso, a antiga diferenciação entre capital nacional e estrangeiro começa a perder sentido, uma vez que o determinante, a saber, passa a ser a parte em que o país encontra-se presente no interior de cada cadeia global de valor liderada pelas corporações transnacionais.

Os efeitos sobre a estrutura social de cada país desenvolvido tenderam a apontar para o esvaziamento da concepção predominante de "medianização" das sociedades urbanas e industriais. O sentido da precarização das ocupações e da desvalorização dos diplomas diante da massificação da educação voltada para o funcionamento do mercado de trabalho aumentou a perspectiva do declínio, para não dizer do mito da grande classe média assalariada[40].

Para o Brasil, que assumia a condição de país que nem sequer tinha ainda conseguido completar sua fase de maturidade industrial, pareceu precoce a convivência com sinais de enxugamento do peso relativo do setor industrial no total da produção nacional. Ademais, percebe-se que a própria estrutura social tendeu a se deslocar daquela verificada nos países desenvolvidos.

O exemplo da nova classe média assalariada a partir do segundo quartel do século XX indica o quanto a sua evolução não foi homogênea nem mesmo entre as economias capitalistas avançadas. Em países europeus, por

---

[40] Ver: J. Lojkine, *L'adieu à la classe moyenne* (Paris, La Dispute, 2005); C. Peugny, *Le destin au berceau: inégalités et reproduction sociale* (Paris, Seuil, 2013).

exemplo, o avanço da classe média assalariada dependeu fortemente do crescimento econômico potencializado pela garantia do pleno emprego e da oferta de renda e pelos serviços gerados pelo Estado de bem-estar social.

Já nos Estados Unidos, o amplo assalariamento composto de quadros técnicos e de nível superior na grande empresa fordista terminou por organizar uma ampla classe média fortalecida em meio ao baixo desemprego e à trajetória da queda gradual na desigualdade social e de renda. O Estado de bem-estar social nos EUA se mostrou contido e distante da experiência europeia de menor desigualdade social.

Na economia brasileira, a configuração da nova classe média assalariada deu-se a partir da instauração da industrialização pesada promovida pelo Plano de Metas de Juscelino Kubitschek, capaz de facilitar a instalação de grandes empresas, sobretudo no setor de bens de consumo duráveis. Mas o salto mesmo da classe média brasileira ocorreu na década de 1970, com a ditadura militar (1964-1985), estimulando políticas de proliferação de empregos associados à intensa desigualdade de renda. Foram também adotadas políticas públicas orientadas para os mais altos salários (crédito ao consumo, educação superior e política habitacional diferenciada), de modo que se tornou possível a modernização do padrão de consumo para a elite e a classe média assalariada no Brasil.

A desigualdade organizadora do avanço da classe média brasileira permitiu também que essa classe desfrutasse dos serviços de baixo custo, potencializados pelo enorme excedente de mão de obra gerado nas grandes cidades por força do êxodo rural (ausência de reforma agrária). Assim, um verdadeiro exército de serviçais esteve voltado à realização de qualquer atividade de sobrevivência, sobretudo em serviço à nova classe média assalariada em ascensão, como nos casos de motoristas particulares, domésticos em profusão, seguranças, adestradores de animais, entre outros.

Constatou-se, assim, a internalização do padrão de consumo moderno praticado apenas nos países de capitalismo avançado. No caso brasileiro, a situação se mostrou singular em função da legião de serviçais destinada aos ricos e à classe média assalariada, superior às classes médias assalariadas nas economias desenvolvidas[41].

---

[41] Ver: J. Mello e F. Novais, *Capitalismo tardio e sociabilidade moderna* (São Paulo, Editora Unesp, 2009); C. Furtado, *O mito do desenvolvimento* (São Paulo, Círculo do Livro, 1979).

Desde a década de 1980, com a crise da dívida externa, o país abriu uma longa fase de estagnação da renda *per capita*, responsável por impor fortes constrangimentos à mobilidade social. No último quarto do século XX, o abandono do projeto nacional desenvolvimentista foi acompanhado pela emergência das políticas neoliberais de inserção subordinada à globalização financeira. O resultado disso foi a desestruturação do mercado de trabalho, com a expansão do desemprego – que passou de 2,7%, em 1989, para 15% em 2000 –, da informalidade e do desassalariamento formal. Assim, a marginalização dos operários foi acompanhada pelo próprio encolhimento da classe média brasileira.

Entre 1981 e 2002, por exemplo, cerca de 11 milhões de brasileiros foram rebaixados ou constrangidos por uma grave piora na situação social. Especialmente na estrutura ocupacional de postos tradicionais de classe média, os procedimentos de reestruturação industrial, de internacionalização de empresas, de privatização do setor produtivo estatal e de terceirização da mão de obra no setor privado e público levaram ao encolhimento da classe média brasileira[42].

A recuperação da economia nacional desde 2004, com o abandono das políticas de corte neoliberal e a influência de importantes políticas públicas, como a elevação real do salário mínimo, o Bolsa Família, o crédito ao consumo urbano e à agricultura familiar, as compras públicas, impactou diretamente a estrutura social. Ao mesmo tempo, a volta da mobilidade social, sobretudo na base da pirâmide social, foi motivada pela queda significativa na quantidade de miseráveis e pela ampliação do emprego formal, ainda de menor rendimento.

A melhora na renda impactou o consumo de grande parte da população de baixa remuneração, contribuindo para a redução da pobreza e da desigualdade de renda no Brasil. Nos segmentos tradicionais de classe média assalariada, a mobilidade social não se apresentou considerável, salvo em segmentos proprietários de pequenos negócios e autônomos[43].

---

[42] Ver: W. Quadros, *Brasil: estagnação e crise* (São Paulo, Gelre, 2004); A. Guerra et al, *Classe média: desenvolvimento e crise* (São Paulo, Cortez, 2006).

[43] Ver: W. Quadros, *A evolução da estrutura social brasileira: notas metodológicas* (Campinas, IE/Editora da Unicamp, 2008, Série Textos para discussão), n. 148; M. Pochmann, *Nova classe média?: o trabalho na base da pirâmide social brasileira* (São Paulo, Boitempo, 2012).

Para a classe média assalariada, o enfraquecimento industrial e a precariedade dos postos de trabalho no setor de serviços se chocaram ainda mais com a elevação dos rendimentos e também, por consequência, dos custos em atividades de características serviçais. Assim, a contenção dos serviços baratos que alimentavam o status dos segmentos não proprietários de meios de produção e não vinculados a ocupações no chão da fábrica contaminou, em parte, a possibilidade da reprodução da classe média assalariada.

Da mesma forma, a continuidade de expansão nas ocupações e nos rendimentos da base da pirâmide social passou a exigir a retomada da temática tanto da reindustrialização, para reverter o atendimento de um padrão de consumo por meio de importações, quanto da reconfiguração qualitativa dos serviços públicos. Estas duas tarefas, imprescindíveis na reorientação das políticas econômica e social da atualidade, podem ser portadoras da difusão de verdadeiros empregos de classe média assalariada no Brasil.

Considerações finais

Com base no que foi apresentado até aqui, percebe-se que o sentido geral das mudanças sociais recentes no desenvolvimento capitalista aponta para um novo tempo na definição da temática da classe média. De forma diversa de períodos anteriores, a dimensão da classe média não requereria considerar necessariamente o movimento mais amplo da divisão internacional do trabalho, como se observa na atualidade.

Tomada fundamentalmente a partir do critério monetário, a classe média assalariada global tende a se concentrar nos países asiáticos por força do movimento maior do deslocamento da produção para esta mesma região do mundo. Com a formação das cadeias globais de produção em meio ao predomínio da globalização financeira neoliberal, percebem-se movimentos de desindustrialização em diversos países.

Por força disso, regiões como América do Norte e Europa, que no passado eram responsáveis pela concentração de dois terços da classe média global, passam a se tornar inacreditavelmente residuais na redivisão da classe média mundial. Estima-se que apenas um contingente de cerca de um quinto do total de pessoas com rendimento familiar *per capita* entre US$ 10 e US$ 100 diários esteja localizado nas antigas regiões desenvolvidas.

Cabe, contudo, considerar a predominância da definição de classe média assentada na perspectiva da estruturação social proveniente do desenvolvimento do capitalismo industrial. Na medida em que se assiste ao avanço das sociedades pós-industriais, com forte peso relativo da ocupação de serviços, pode tornar-se sem efeito a aplicação simplista do conceito tradicional de classe, sobretudo na classificação da classe média ancorada no critério de rendimento.

Nas economias de países de rendimento intermediário, que não completaram plenamente o seu processo de industrialização e já precocemente avançam para as estruturas sociais de base nos serviços, o uso do conceito de classe média talvez seja ainda mais extemporâneo. Isso porque a adoção de uma medida descontextualizada da base original de sua materialização pode se revestir apenas e simplesmente de um voluntarismo teórico inconsistente com a realidade, salvo interesses ideológicos específicos ou projetos políticos de reconfiguração de redução do papel do Estado.

Em virtude disso, a questão da classe média em países como o Brasil merece maior aprofundamento, evitando-se conclusões apressadas e nem sempre consistentes com a realidade. Essa abordagem, portanto, será explorada nos capítulos seguintes.

2. CLASSE MÉDIA: FATOS E INTERPRETAÇÕES NO BRASIL

O movimento de transformação da estrutura social brasileira a partir da virada para o século XXI se apresenta como um fato praticamente inquestionável. O mesmo não pode ser dito em relação às interpretações sobre o sentido geral dessas mudanças no conjunto da sociedade.

Inicialmente, a hipótese da alteração na estrutura da sociedade expressa pela identificação de uma nova classe média se estabeleceu rapidamente com dominância explicativa. Gradualmente, contudo, outras interpretações mais profundas a respeito do curso das transformações no capitalismo contemporâneo e de seus efeitos condicionantes no interior da estrutura social brasileira foram surgindo, capazes de questionar a versão da nova classe média por conta de sua fragilidade e de seu simplismo, e por ser tal hipótese desprovida de maior rigor acadêmico.

É nesse contexto que o presente capítulo analisa o movimento recente da incorporação de parcela importante dos trabalhadores de baixa renda no padrão tardio de consumo fordista, equivocadamente associado à ascensão social de classe média. Para isso, busca-se recuperar brevemente as bases por meio das quais a expansão capitalista do segundo pós-guerra do século passado produziu estruturas sociais diferenciadas entre os países.

De um lado, veem-se as economias desenvolvidas que conformaram as estruturas sociais com algum grau de relativa identidade em função do padrão de crescimento urbano e industrial e da ação do Estado de bem-estar social.

Em decorrência disso, houve a generalização da posse dos bens de consumo duráveis, inclusive daqueles de maior valor unitário, como automóvel e casa própria, o que simbolizou um ciclo de expansão econômica associado a certa desconcentração de renda. Inegavelmente, a pressão organizada dos trabalhadores contribuiu por meio das entidades sindicais para a elevação do salário real em conformidade com os ganhos de produtividade e para a redução da jornada de trabalho. Através dos partidos políticos, a agenda dos trabalhadores foi transformada em políticas públicas, e isso por meio da consolidação e da ascensão do Estado de bem-estar social.

De outro lado, há os demais países capitalistas que, sem registrar a difusão integral do padrão fordista do crescimento urbano e industrial, terminaram por constituir estruturas sociais diferenciadas. O processo de periferização do fordismo levou ao subconsumo dos trabalhadores em relação ao padrão de acesso aos bens duráveis como automóvel e moradia própria. Contribuiu para isso a ausência tanto do Estado de bem-estar social quanto de acordos políticos comprometidos com a redução da desigualdade na distribuição dos frutos da expansão econômica. Um bom exemplo disso foi o Brasil, cuja prioridade dada ao crescimento econômico foi acompanhada por uma brutal concentração da renda. Ao final do século XX, o Brasil situava-se entre os três países do mundo com maior desigualdade de renda.

Somente na década de 2000 o país encontrou importante inflexão na trajetória da desigualdade distributiva, com a inversão da antiga prioridade nacional, isto é, com a opção pelo estabelecimento da repartição da renda como um dos principais fatores determinantes para a promoção do crescimento econômico e para a difusão do consumo de massa.

Ademais, o avanço do Estado de bem-estar social revelou o vigor histórico das lutas sociais, especialmente das organizações dos trabalhadores desde a recuperação do novo sindicalismo ao final da década de 1970, concomitantemente com a formação de uma nova maioria política favorável à desconcentração da renda. Assim, o Brasil saiu da terceira posição de maior desigualdade de renda no mundo para a décima quarta. Como consequência, a estrutura social brasileira se modificou, tornando-se compatível com a tendência de homogeneização do padrão de consumo de bens duráveis, que até então somente se apresentava plenamente factível aos segmentos de classe média e de rendas superiores. Ademais, a característica do subconsumo dos trabalhadores brasileiros começou a ser superada com o início do processo de desconcentração da renda nacional.

O estrato social reconhecido pela literatura especializada como de trabalhadores pobres (*working poor*) foi um dos principais beneficiados pelo movimento político de inversão de prioridades (distribuir para crescer) ocorrido no Brasil na primeira década do século XXI. As partes desenvolvidas a seguir tratam de explicitar o fortalecimento da classe trabalhadora, sobretudo daquela de baixa renda, enquanto resultado da mudança recente na estrutura da sociedade brasileira.

2.1. Padrão de crescimento econômico e estrutura social no capitalismo avançado do segundo pós-guerra

A expansão do capitalismo a partir da segunda metade do século XX ocorreu de maneira diferenciada em relação à trajetória verificada até a década de 1920. De certa forma, houve um expressivo salto em relação à Grande Depressão de 1929 e às duas guerras mundiais, uma vez que se combinou a estruturação e difusão das grandes escalas de produção herdadas da Segunda Revolução Industrial e Tecnológica desde o final do século XIX com a inclusão em massa de novos consumidores internos e a ampliação do comércio externo.

O esgotamento do sistema monetário internacional associado ao padrão ouro-libra protagonizado pela decadência da velha ordem liberal do século XIX estrangulou o comércio entre as nações a partir de 1914. Ao mesmo tempo, as experiências das duas guerras mundiais revelaram a polarização entre os Estados Unidos e a Alemanha em torno da disputa pela sucessão da arcaica hegemonia inglesa.

O período do segundo pós-guerra iniciou-se com os Estados Unidos exercendo o papel de nação hegemônica do bloco capitalista e com a introdução de um novo sistema monetário vinculado ao padrão ouro-dólar e à ordem mundial, esta regulada pelo poder militar da Organização do Tratado do Atlântico Norte (Otan) e pelas agências multilaterais como o Fundo Monetário Internacional (FMI), o Banco Mundial (BM) e o Acordo Geral sobre Tarifas e Comércio (Gatt). Por um lado, com o apoio estadunidense à reconstrução europeia

(Plano Marshall), o comércio externo vigorou, fortalecido pelo crescente investimento das empresas multinacionais, especialmente as norte-americanas.

Por outro lado, o legado de regressão econômica e social expresso pela Depressão de 1929, em meio ao sucesso da experiência de socialismo real atribuída desde a Revolução Russa, em 1917, impôs condições políticas suficientes para a implantação de um importante programa de reformas capitalistas sem paralelo histórico. A emergência do Estado de bem-estar social, consolidada por uma reforma tributária progressiva e responsável pela determinação de os ricos pagarem impostos, ampliou o fundo público de menos de 10% para mais de 30% do Produto Interno Bruto nos países industrializados.

Com isso, parte do custo de reprodução da força de trabalho passou a ser financiada por recursos públicos, como no caso da universalização do acesso público à educação (creche e ensinos fundamental, médio e superior), à assistência social e à saúde. Também por meio de subsídios públicos tornou-se possível reduzir os gastos dos trabalhadores com transporte, habitação e lazer[44]. Antes disso, o custeio desses gastos dependia exclusivamente do salário do trabalhador, limitando o consumo de uma empobrecida cesta de sobrevivência por uma parcela significativa da sociedade.

A generalização dos contratos coletivos de trabalho permitiu levar a democracia ao local de trabalho, com a ampliação dos direitos sociais e trabalhistas e a elevação dos salários em conformidade com a inflação e os ganhos de produtividade. O aumento da remuneração média real dos trabalhadores, acrescida ainda mais pelo salário indireto proporcionado pelo Estado de bem-estar social, esteve combinado à extensão da política de crédito e de inclusão bancária, o que favoreceu o financiamento da aquisição generalizada dos bens manufaturados, sobretudo os de maior valor unitário, como automóvel e casa própria.

No caso dos operários franceses, por exemplo, a posse de automóvel, televisor e máquina de lavar era residual no imediato pós-guerra. Nem um décimo deles possuía carro ou outros bens de consumo duráveis. Menos de quatro décadas depois, a homogeneização do padrão de consumo estava praticamente

---

[44] Ver: J. Mattoso, *A desordem do trabalho* (São Paulo, Scritta, 1995); M. Pochmann, *Políticas do trabalho e de garantia de renda no capitalismo em mudança*, cit. As informações quantitativas citadas pertencem a essas duas publicações.

concluída, uma vez que a universalização do acesso aos bens duráveis, como automóvel, televisor e máquina de lavar, estava consumada. (Ver figura 2.1.)

Figura 2.1 – França: evolução da posse de bens de consumo duráveis por operários (em %)

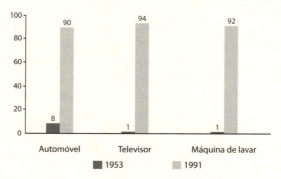

Fonte: M. Pochmann, *Políticas do trabalho e de garantia de renda no capitalismo em mudança*, cit., p. 39

O movimento de desconcentração da renda a partir do segundo pós-guerra mundial se mostrou funcional para o atendimento da demanda das enormes escalas de produção constituídas pela Segunda Revolução Industrial e Tecnológica. Entre 1950 e 1986, por exemplo, o poder aquisitivo do salário mínimo na França cresceu 12% acima da remuneração dos executivos.

Por força da elevação mais rápida do rendimento na base da pirâmide social, o grau de desigualdade entre as remunerações diminuiu rapidamente. Na Itália, por exemplo, o salário médio do operário era de quase quatro quintos da remuneração do empregado de nível superior, enquanto em 1938 representava apenas um terço.

Com isso, a parcela salarial na renda nacional cresceu substancialmente, passando a representar mais de dois terços do fluxo de riquezas geradas anualmente nos países desenvolvidos. Ao mesmo tempo, a taxa de pobreza, que chegou a representar 21% do total da população inglesa em 1953, por exemplo, reduziu-se a 7% em 1971, enquanto vigia praticamente o pleno emprego da força de trabalho.

No mesmo sentido, o gasto social impulsionado pela consolidação do Estado de bem-estar social cresceu substancialmente. Em 1978, por exemplo, a Inglaterra comprometia 27,8% do PIB com o gasto social, enquanto em 1938 isso representava menos de 11%.

A ampliação do valor real da remuneração do trabalhador, acompanhada da elevação do salário indireto pelo Estado de bem-estar social, permitiu cobrir a extensão das despesas familiares para além das alimentares. Até a década de 1940, o ganho do trabalhador cobria fundamentalmente os gastos com alimentação, que chegavam a responder por quase quatro quintos do total do salário dos operários nos países desenvolvidos. Na década de 1970, por exemplo, o trabalhador italiano possuía 71,5% de sua renda média liberada para despesas não alimentares. Cinco décadas antes, somente um terço da remuneração poderia financiar gastos não alimentares.

Em síntese, percebe-se como o ciclo do crescimento econômico nos países desenvolvidos possibilitou o fortalecimento da tendência homogeneizadora do padrão de consumo, sobretudo com a generalização do acesso aos bens de consumo duráveis. O capitalismo fordista, com o quase pleno emprego da mão de obra e a elevação direta e indireta do rendimento da classe trabalhadora, especialmente na base da pirâmide social, alterou profundamente a sociedade nos países do centro do capitalismo mundial.

A condição da plena ocupação, com taxas de desemprego abaixo de 5% do total da população economicamente ativa, facilitou o acesso ao crédito para a aquisição de bens de maior valor aquisitivo, bem como impediu que o curso do pagamento futuro do endividamento familiar ocorresse naturalmente. A condição de insegurança da classe trabalhadora ameaçada pelo elevado desemprego e pela rotatividade do trabalho no período pré-guerras terminou afastada na segunda metade do século XX nos países que adotaram o padrão fordista de desenvolvimento. (Ver figura 2.2.)

A inclusão da classe trabalhadora nos frutos do crescimento econômico não levou ao entendimento de que se tratava de uma mudança na estrutura de classes da sociedade, tampouco à ascensão de uma nova classe média. O que houve foi a interpretação de que a força política dos trabalhadores, por meio de suas organizações de interesses (associações, sindicatos e partidos políticos), tornara possível a elevação do padrão de vida com acesso aos direitos sociais e trabalhistas. (Ver figura 2.3.)

A agenda dos trabalhadores conformada por décadas anteriores de lutas se convertera em realidade, especialmente nos países de capitalismo fordista.

Figura 2.2 – Taxa média de desemprego em países e períodos selecionados (em % da força de trabalho)

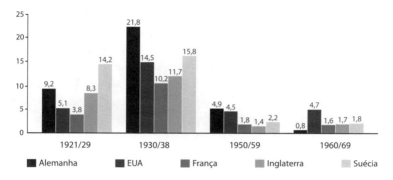

Fonte: J. Mattoso, *A desordem do trabalho*, cit., p. 27

Figura 2.3 – Taxa de sindicalização em países e períodos selecionados (em % da força de trabalho)

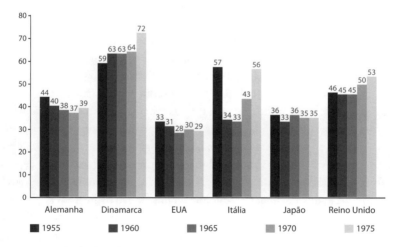

Fonte: J. Mattoso, *A desordem do trabalho*, cit., p. 47

O acesso aos direitos sociais e trabalhistas elevou e possibilitou a trajetória de homogeneização do nível de consumo a partir do processo de desconcentração da renda funcional alinhado ao ritmo de maior crescimento econômico.

Tanto é assim que as quase três décadas que sucederam o final da Segunda Guerra Mundial passaram a ser reconhecidas como *golden years* (anos dourados) do capitalismo.

No período entre 1950 e 1973, por exemplo, a somatória do Produto Interno Bruto nos países capitalistas fordistas cresceu numa taxa média anual de 4,9%, enquanto as exportações aumentaram, em média, 8,6% ao ano. Na fase anterior, que compreendeu os anos de 1913 e 1950, a taxa média anual de crescimento do PIB foi de somente 1,9%, enquanto a variação das exportações atingiu o ritmo de apenas 1% no capitalismo pré-fordista.

2.2. Industrialização tardia e subconsumo da classe trabalhadora brasileira

Os países capitalistas que viveram o êxito do fordismo a partir do segundo pós-guerra experimentaram a industrialização no século XIX (industrialização retardatária) ou, ainda, como no caso da Inglaterra, a industrialização original, na metade do século XVIII. Outros países que conseguiram avançar a produção manufatureira somente no século XX conviveram, em geral, com as implicações da industrialização tardia, na maior parte das vezes traduzidas pela dependência tecnológica e o predomínio do capital estrangeiro.

No caso brasileiro, o retardo temporal da industrialização – somente a partir da década de 1930 – impôs urgência à produção manufatureira como se fosse a tradução da cópia de uma estrutura já existente em nações ricas, contando com presença de empresas estatais nativas e grandes empresas multinacionais. A fragilidade na demanda interna, constrangida ainda mais pela ausência de reformas civilizatórias (agrária, tributária e social) e, por consequência, pela dramática concentração de renda, estabeleceu à maioria política responsável pela condução do crescimento econômico o imperativo de fuga para a frente.

Resumidamente, tornou-se necessário o compromisso político por uma expansão econômica a qualquer custo, e isso para fazer frente ao crescimento das taxas, de modo que seria fundamental nesse processo a participação do Estado, como um sócio estratégico no processo histórico de acumulação de capital. Sem isso, a industrialização no Brasil dificilmente teria avançado, tal como se verificou entre as décadas de 1930 e 1970.

Além disso, a fragilidade do regime democrático decorrente da convivência com a descontinuidade dos períodos autoritários (1937-1945 e 1964-1985) permitiu que o avanço das forças produtivas continuasse concentrado no poder privado de poucos clãs de famílias que já dominavam o país desde a fase do antigo agrarismo exportador. Não por acaso, o enfraquecimento das organizações de interesses dos segmentos situados na base da pirâmide social travou a possibilidade de homogeneização do padrão de consumo de bens duráveis por parte do conjunto da classe trabalhadora na virada da década de 1980. Um exemplo disso foi a persistência da baixa taxa de sindicalização entre os trabalhadores brasileiros. Em 1975, por exemplo, a taxa nacional de sindicalização foi de 12,8% dos trabalhadores urbanos, enquanto em 1950 era de 13,3%.

Não obstante a identificação de duas fases distintas no processo de industrialização brasileira, o comportamento da sindicalização manteve-se praticamente inalterado. Destaca-se que entre as décadas de 1930 e 1950 a industrialização era restringida, sendo basicamente possível com base na produção de bens de consumo não duráveis e intermediários (produção de cimento, siderurgia, entre outros). As exportações de bens primários como o café ainda continuavam a ser estratégicas na determinação do ritmo da expansão econômica nacional.

Mesmo assim, o curso da incorporação da classe trabalhadora urbana havia sido estabelecido diante do acesso ao conjunto dos direitos sociais e trabalhistas definidos pela Consolidação das Leis do Trabalho (CLT), em 1943. Na fase da industrialização pesada, ocorrida entre 1955 e 1980, as condições econômicas necessárias à elevação do padrão de vida do conjunto da classe trabalhadora se tornaram mais favoráveis, embora fossem insuficientes por si só para permitir a concretização dos avanços esperados.

A presença de um regime autoritário por 21 anos congelou a difusão do padrão de consumo de bens duráveis, conforme registrado nos países desenvolvidos. A opção por grandes blocos de investimento nesse período consagrou uma industrialização pesada com inegável avanço na base material da economia industrial, porém descolado do desenvolvimento social.

Por um lado, o Plano de Metas de JK (1956-1960) reformulou a estrutura produtiva com a internalização do setor de bens de consumo duráveis, o qual foi assentado na significativa presença de empresas multinacionais europeias e estadunidenses, tendo, ainda, aliança com empresas estatais e privadas nacionais. Por outro lado, a implantação do segundo Plano Nacional de Desenvolvimento de Geisel (1975-79) concedeu importante salto para a substituição de importações industriais e energéticas, capaz de praticamente completar uma estrutura produtiva diversificada e integrada no espaço nacional.

Num período de cinquenta anos (1930-1980), a produção nacional foi multiplicada por 18,2 vezes (6% ao ano), o que possibilitou estabelecer uma nova estrutura econômica nacional (de base industrial), contemporânea e aliada ao sistema de proteção social e trabalhista para apenas uma parte do conjunto da classe trabalhadora. Embora necessário, o crescimento econômico por si só não se mostrou suficiente para a universalização do padrão de bem-estar social comparável à dos países desenvolvidos.

Assim, o Brasil transformado não se apresentou compatível com os níveis de pobreza, de homogeneização do mercado de trabalho e de grau de desigualdade de renda quando comparado aos patamares dos países desenvolvidos com desempenho econômico similar. Por conta disso, o capitalismo fordista mostrou-se periférico, tendo reservado ao conjunto da classe trabalhadora um papel secundário no acesso ao padrão de consumo de bens duráveis, sobretudo daqueles de maior valor unitário, como moradia e automóvel.

Ao mesmo tempo, as políticas sociais não se universalizaram, mantendo-se subordinadas ao comportamento da economia. Em síntese, o regime de bem-estar do período prevaleceu corporativo e particularista, o que deixou à margem uma parcela considerável da classe trabalhadora.

Além disso, a estrutura tributária regressiva e dependente de impostos e contribuições sobre o custo do trabalho estabeleceu aos assalariados um maior peso no financiamento da proteção social. Para o empregado urbano, por exemplo, um terço do custo total de contratação se dirigia ao fundo social, condição que lhe permitiria o acesso aos benefícios sociais (aposentadoria, férias, entre outros).

Nesse sentido, a elevação da carga tributária no Brasil assentava-se no reforço da regressividade da tributação nacional. O resultado era o maior peso relativo da carga tributária se apoiando no rendimento dos mais pobres da população. Foi o que aconteceu com a multiplicação da carga tributária brasileira em 2,7 vezes entre os anos de 1930 e 1960, pois passou de apenas 8,9% do PIB para 24,1%. A participação relativa dos impostos indiretos no total da carga tributária declinou de 86,4% para 67,9% no mesmo período de tempo.

Por ter o financiamento das políticas sociais vinculado à arrecadação indireta, a incorporação de novos beneficiados (geralmente mais pobres) pelas políticas sociais gerou a espontânea saída de setores de maior rendimento. As transformações da educação primária estatal para poucos em ensino público fundamental para muitos na década de 1970 e da saúde regulada para alguns segmentos assalariados em universalização do Sistema Único de Saúde pública nos anos de 1980 constituem exemplos do gradual abandono, por exemplo, da classe média dos serviços do Estado.

Percebe-se, portanto, as dificuldades para a realização de alianças políticas estratégicas entre os trabalhadores e a classe média em favor do Estado de bem-estar social, conforme observado nos países desenvolvidos. No Brasil, o corporativismo de algumas categorias profissionais elitizadas, a meritocracia dos segmentos de maior escolaridade numa sociedade de baixa escolaridade e o particularismo de setores ocupacionais de maior rendimento obstacularizaram ações conjuntas de fortalecimento do sistema de proteção e de promoção social.

Assim, a redução na participação relativa do rendimento do trabalho na renda nacional ocorreu concomitantemente à expansão econômica sustentada por escalas crescentes de produção de bens manufaturados. A separação da trajetória dos salários em relação aos ganhos de produtividade indicou uma redução da parcela salarial de 56,6% na renda nacional, em 1959/1960, para 50%, em 1979/1980.

O processo de assalariamento da força de trabalho não desfigurou o funcionamento heterogêneo do mercado de trabalho, com a presença de ocupações ilegais, informais, entre outras. Entre as décadas de 1930 e de 1980, a taxa de assalariamento passou de um quinto para dois terços do total da força de trabalho no Brasil.

Mesmo assim resistiram no país várias modalidades de exercício de trabalho não capitalista, ao contrário do que foi registrado nas economias desenvolvidas. Setores econômicos como agricultura de subsistência e serviços urbanos vinculados ao abastecimento (pequenas mercearias, lojas e oficinas de reparação e de atendimento pessoal e familiar) preservaram, muitas vezes, a condição de economia com trabalho de baixo rendimento. Ao mesmo tempo permitiram também a reprodução da força de trabalho com produtos e serviços de menores preços. Destacam-se, por exemplo, as moradias de autoconstrução, muitas vezes em terrenos ilegais, fruto do inchamento das cidades industriais sem planejamento, a produção de alimentação de menor custo e serviços domésticos de contida remuneração, entre outros.

Em função disso, a difusão do padrão de consumo de bens duráveis transcorreu de maneira muito diferenciada no interior do conjunto da população. A internalização periférica do modelo fordista de consumo de massa, como uma espécie de mimética do consumismo exorbitante dos ricos, explicitou-se ainda mais intensamente diante da baixa renda *per capita* nacional.

Não obstante o forte crescimento dessa renda, a sua repartição, contudo, ocorreu de forma extremamente desigual para o conjunto da população. No ano de 1980, por exemplo, constatou-se que 60% da população brasileira mais pobre recebia quantia equivalente a 17,8% da renda nacional, enquanto em 1960 esse número era de 24,9%. Ou seja, houve uma queda de 28,5% na participação dos mais pobres na renda nacional entre os anos de 1960 e 1980.

Como consequência, houve um aumento do peso relativo dos segmentos mais ricos na renda nacional. No contexto da riqueza e da renda fortemente concentradas, a internalização do novo padrão de consumo proveniente dos países ricos ocorreu apenas para os segmentos privilegiados da estrutura social, seja por seu rendimento elevado, seja pelo perfil das políticas públicas adotadas para o andar de cima da sociedade (crédito, tributação, entre outras).

Em síntese, a repartição assimétrica dos bônus do crescimento econômico combinada com políticas públicas mais voltadas aos setores sociais privilegiados resultou na década de 1970 numa difusão direcionada do padrão de consumo fordista para um seleto e contido estrato social do país (classes média e rica), o que é compatível com a consolidação de uma economia cujo consumo de bens duráveis se dá por parte somente de um terço do conjunto da população.

Da mesma forma, o acesso aos principais postos de trabalho produzidos pelo próprio avanço da industrialização pressupunha, em geral, a passagem prévia pelo processo de ensino-aprendizagem que terminou sendo oferecido com qualidade para somente a cúpula da pirâmide social. Com acesso franqueado à educação superior, o passaporte para a rápida ascensão social esteve ao alcance fundamentalmente de uma elite essencialmente branca.

Tendo o acesso ao ensino superior se transformado em monopólio da elite branca, restou a intensa competição no interior da base da pirâmide social brasileira, sobretudo com as possibilidades de abandono da condição de analfabetismo. Assim, o simples ingresso ao ensino básico funcionaria como elemento diferenciador aos filhos de pais analfabetos e, ainda, facilitador na disputa por vagas mais simples que eram abertas no interior do mercado geral de trabalho.

No que diz respeito aos filhos das famílias dos segmentos de maior renda, o ingresso no ensino superior nem sempre representaria o equivalente esforço por parte dos segmentos pertencentes à base da pirâmide social. Com qualidade, o certificado de conclusão educacional assumia a condição de verdadeiro passaporte para os melhores postos de emprego, ocupados, na maior parte das vezes, pela elite branca do país.

Para os segmentos sociais constituídos por negros e mestiços, além da maior exposição à competição imposta pelo restrito acesso educacional, colaborou para essa disputa o funcionamento desigual do mercado de trabalho na base da pirâmide social. Nesse sistema, de maneira geral, a predominância de brutal excedente de mão de obra contribuiu para que a trajetória salarial seguisse abaixo dos ganhos de produtividade.

Ao se somar o esvaziamento do poder sindical, especialmente no processo de negociação salarial, com o rebaixamento da política do salário mínimo, o resultado terminou sendo o rebaixamento do patamar de remuneração dos trabalhadores em geral. Serve de exemplo disso a evolução desconexa do valor real do salário mínimo com o poder aquisitivo da renda *per capita* nacional. (Ver figura 2.4.)

Nas décadas de 1940 e 1950 não houve forte dispersão entre os dois valores reais. A partir da ditadura militar, contudo, o valor real do salário mínimo manteve-se em baixa, enquanto a renda *per capita* prosseguiu crescendo. Com a remuneração associada ao valor do salário mínimo, os trabalhadores pobres ficaram prisioneiros do contido poder de compra de seus salários, ao contrário dos segmentos sociais de remuneração maior, cuja evolução ocorreu

Figura 2.4 – Brasil: evolução do valor real do salário mínimo e da renda *per capita* nacional

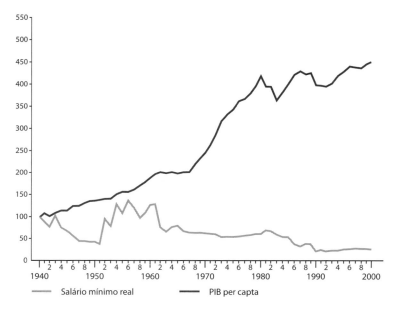

Fonte: M. Pochmann, *Desenvolvimento e novas perspectivas para o Brasil* (São Paulo, Cortez, 2010), p. 68

acima da produtividade. Entre 1965 e 1977, por exemplo, a remuneração dos cargos de direção de empresas subiu 145%, enquanto o salário médio do operário aumentou apenas 17%. Nesse mesmo período, a produtividade do trabalho acumulou um crescimento de 103%.

A evolução diferenciada no rendimento do trabalho, especialmente em relação ao contido valor do salário mínimo, terminou se mostrando funcional à estratégia de rápida expansão econômica fundamentada na internalização da produção e no consumo de bens de maior valor unitário (bens duráveis, como automóvel, moradia e eletrodomésticos). Para um país de baixa renda *per capita* como o Brasil, a difusão do padrão de produção e de consumo oriundo de nações ricas somente se daria mais rapidamente pelo caminho da opressiva concentração de renda, com a exclusão, por consequência, de enorme parcela da classe trabalhadora.

Assistiu-se, assim, ao processo de redistribuição intersalarial no interior do mercado de trabalho brasileiro, possibilitado pela transferência de renda da base da pirâmide social para a sua cúpula, sobretudo durante o regime militar. A forte expansão econômica diante das novas escalas de produção terminou deixando de fora os segmentos sociais de maior rendimento.

Por conta disso, a base da remuneração do conjunto de trabalhadores permaneceu comprometida com as despesas de alimentação e de habitação. No final dos anos 1970, por exemplo, quase dois terços da renda do trabalhador eram absorvidos pelas despesas de alimentação e de habitação, enquanto na década de 1950 essas mesmas despesas representavam quatro quintos do rendimento da classe trabalhadora.

Percebe-se também que, no avanço das estruturas privadas de produção, os laços de sociabilidade foram constritos, uma vez que as forças de mercado tenderam a privilegiar o atendimento dos segmentos já favorecidos. A inclusão bancária pode ser perfeitamente um exemplo disso, uma vez que a base da pirâmide permaneceu excluída, o que permitiu consolidar uma estrutura de crédito fundamentalmente destinada aos segmentos de altas e médias rendas.

Completados quase cinquenta anos de consolidação do centro dinâmico urbano e industrial no Brasil, constituiu-se uma sociedade deformada composta pelos extremamente ricos, pela classe média não proprietária e pela ampla maioria da população situada na base da pirâmide social. Ao contrário do cosmopolitismo que surgiu nas classes altas e médias, possibilitado pela lógica do consumismo e pela preferência dos monopólios sociais, o conjunto da população foi somente favorecido no que tange à mobilidade social. Ou seja, todos os segmentos se moveram simultaneamente, porém com velocidades muito distintas entre si, gerando maior desigualdade social.

É nesse sentido que se constata uma industrialização tardia associada ao subconsumo da classe trabalhadora. Em 1980, quando o Brasil figurava como a oitava maior economia industrial do mundo, a taxa de pobreza absoluta atingia a 48,5% da população e a parcela salarial representava apenas 50% da renda nacional. No mesmo ano, um operário francês precisava de 7 meses e 21 dias de trabalho para comprar um automóvel popular, enquanto um operário brasileiro precisaria acumular 33 meses de salário para poder fazer isso. Nesse mesmo sentido comparativo, o salário do operário francês permitia adquirir 149 entradas de cinema ao mês, enquanto o operário brasileiro se restringia a somente 77 ingressos.

2.3. Ascensão dos trabalhadores pobres e projeto social--desenvolvimentista

A partir do final da década de 1970, o fortalecimento do chamado novo sindicalismo brasileiro favoreceu a constituição de uma agenda mais ampla do desenvolvimento vinculada ao conjunto dos trabalhadores rurais e urbanos. Isso já havia ficado claro no final dos anos 1950, com o aparecimento de uma nova pauta sindical moldada pela forte expansão do emprego nas grandes empresas instaladas durante o Plano de Metas de JK, sobretudo na região Sudeste do país.

Até aquela época preponderava a cultura do dissídio coletivo, em que o papel da Justiça do Trabalho era central, definindo, para além da CLT, os parâmetros das relações de trabalho entre patrões e empregados. Isso porque prevalecia a lógica pulverizada das relações de trabalho no âmbito das micro e pequenas empresas, de modo que os sindicatos encaminhavam para a Justiça do Trabalho as reivindicações dos trabalhadores sem que os empregadores se dispusessem a negociar.

Em 1959, por exemplo, o sindicato dos metalúrgicos de São Paulo entregou à Federação das Indústrias do Estado de São Paulo (Fiesp) a primeira proposta de contrato coletivo de trabalho de abrangência maior que os limites da empresa privada. Mesmo sem resposta patronal, o novo sindicalismo, originalmente surgido no Brasil no calor das grandes empresas oriundas do Plano de Metas de JK, buscava na negociação coletiva o fórum para a modernização das relações de trabalho.

O golpe de 1964, todavia, soterrou por longo tempo as esperanças das chamadas reformas de base, fortemente impulsionadas pelo sindicalismo ativo do período. Por mais de duas décadas, o regime militar esvaziou o poder da Justiça do Trabalho e proibiu a ação sindical independente, cuja dinâmica regressiva das relações de trabalho foi moldada pela política de arrocho salarial.

Coincidentemente, a retomada da temporada de lutas pelo novo sindicalismo no final dos anos 1970 contribuiu de forma satisfatória para a efetivação da transição do regime militar ao regime democrático em 1985. Ao mesmo tempo, as relações de trabalho viveram fortes modificações com o avanço da sindicalização, das greves e dos acordos coletivos de trabalho no Brasil.

Em 1988, com a aprovação de uma nova Constituição Federal, a estrutura do Estado de bem-estar social passou a ser formalmente instalada, com a criação do Sistema Único de Saúde e a unificação do Sistema de Assistência e Previdência Social para todos os trabalhadores urbanos e rurais. Ainda que tardiamente, o Brasil começava a criar as bases para a difusão do padrão de consumo de massa, não obstante a regressão socioeconômica registrada nas décadas de 1980 e 1990 com o baixo dinamismo econômico, o crescente desemprego e o amplo processo de exclusão social, gerado especialmente pela adoção de políticas neoliberais.

Com a aceleração inflacionária e a elevação do desemprego, ambos decorrentes do programa de ajuste exportador do início da década de 1980, voltado para o pagamento da dívida externa acumulada na década de 1970, a pauta do novo sindicalismo obteve convergência nacional ainda maior. Nota-se que a retomada do novo sindicalismo foi motivada originalmente pelo rebaixamento das remunerações imposto pela política de arrocho salarial estabelecido pelo regime militar (1964-1985), bem como pela manipulação dos índices de inflação. Destaca-se, ainda, o fato de que no período em que o país acumulou elevados índices de crescimento econômico e ganhos de produtividade o salário médio dos empregados e o salário mínimo dos trabalhadores de remuneração de base não acompanharam nem mesmo a inflação.

Diante da aceleração da taxa de juros dos Estados Unidos e da posição dos bancos credores de não mais emprestarem recursos adicionais aos países endividados do mundo, o antigo governo do regime militar aceitou fazer um acordo com o Fundo Monetário Internacional. Assim, entre 1981 e 1983, a reorientação da economia brasileira implicou realizar uma forte recessão, encolhendo o nível de emprego e poder aquisitivo dos salários dos trabalhadores em nome da produção do elevado excedente exportador para o pagamento dos serviços da dívida externa.

Com o arrocho salarial em meio ao regime de superinflação, as greves intensificaram-se, tendo o Brasil alcançado o posto de país com o segundo maior número de paralisações do mundo ao final dos anos 1980.

Em virtude disso, pode-se ressaltar também que até o final da década de 1970 o Brasil possuía, fora da atuação do Estado, somente três atores de relevância e expressão nacional: o Exército, a Igreja e a televisão.

Com o protagonismo da agenda do novo sindicalismo, a pauta de reivindicações dos metalúrgicos do ABC Paulista, por exemplo, tornou-se um anseio de dimensão nacional, permanentemente presente nas greves e nas negociações sindicais das mais diferentes cidades e estados do país. Assim, o novo sindicalismo se converteu, de fato, em ator nacional, e questões como reposição salarial e avanço nos direitos sociais e trabalhistas tornaram-se objeto da luta de diferentes categorias de trabalhadores.

O encaminhamento de parte importante da agenda do novo sindicalismo para os programas dos partidos políticos em expansão na década de 1980 contribuiu ainda mais para a centralidade eleitoral. A volta das eleições presidenciais consolidou a via da inclusão social e trabalhista no primeiro plano da política.

Tanto assim que, entre os três principais colocados no primeiro turno das eleições de 1989, dois expressavam forte identidade com a agenda do trabalho. De um lado, havia Leonel Brizola, como herdeiro da força das lutas dos trabalhadores do período anterior ao golpe de 1964, e, de outro, Lula, como líder emergente do movimento de retomada do novo sindicalismo após a ditadura militar.

Paradoxalmente, a primeira eleição presidencial desde 1960 não foi convergente com a agenda do novo sindicalismo. A vitória do programa neoliberal representada pela candidatura de Fernando Collor de Mello perseguiu, a partir de 1990 no Brasil, as políticas *antilabor*, a exemplo do que foi observado anteriormente nos Estados Unidos, na Inglaterra e na Alemanha, entre outros países.

Ao mesmo tempo, o Brasil retrocedia econômica e socialmente, com a passagem do posto de oitava economia mundial em 1980 para o de décima terceira no ano 2000. Ademais, o país acumulou desemprego em massa, bem como maior redução na participação dos salários da renda nacional. Em 2000, a taxa nacional de desemprego alcançou 15% da força de trabalho, enquanto a parcela salarial passou a corresponder a 39% do PIB. Vinte anos antes, em 1980, a taxa de desemprego era de 2,7% da população economicamente ativa e o rendimento do trabalho representava 50% da renda nacional.

A explosão do desemprego e a perda do poder aquisitivo dos salários dos trabalhadores associaram-se ao movimento governamental de perseguição dos dirigentes sindicais aguerridos e de justicialização dos atos grevistas nas categorias mais importantes do novo sindicalismo. O resultado disso não tardou a se manifestar sobre a atuação sindical, com a forte redução no número de greves e na taxa de sindicalização.

A partir da década de 1990, a quantidade de greves diminuiu cerca de um quarto em comparação às realizadas nos anos 1980, enquanto a taxa de sindicalização decaiu praticamente para a metade. O novo sindicalismo terminou sendo frontalmente atacado, não obstante sua agenda ter se mantido atual, defendida por alguns partidos de oposição ao neoliberalismo. (Ver figura 2.5.)

Figura 2.5 – Brasil: evolução da taxa de sindicalização (em % da força de trabalho ocupada)

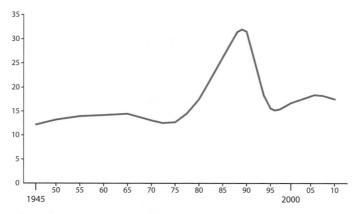

Fonte: M. Pochmann, *Desenvolvimento e novas perspectivas para o Brasil*, cit., p. 78

Somente na primeira década do século XXI o país conseguiu reverter novamente as trajetórias declinantes do desemprego e do poder de compra dos trabalhadores. Em 2010, o Brasil não apenas passou a se encontrar entre as seis principais economias do mundo como também reduziu significativamente a pobreza e a desigualdade de renda.

A derrota do neoliberalismo nas eleições presidenciais de 2002 abriu caminho para a implementação da agenda do novo sindicalismo associada à difusão do padrão de consumo de massa e ao desenvolvimento do Estado de bem-estar social. Para isso, a busca pelo pleno emprego e o combate à pobreza e à desigualdade de renda se mostraram estratégicos.

Com a reversão do desemprego e o melhor reposicionamento do sindicalismo, a densidade sindical voltou a se recuperar. Mesmo assim, a elevação não se mostrou suficiente para retomar a fase anterior, tendo em vista a expansão de postos de trabalho em setores tradicionalmente de baixa filiação sindical, como nos setores de serviços.

Ao mesmo tempo, a consolidação das bases do Estado de bem-estar social favoreceu a ampliação das políticas de garantia do chamado salário indireto ao conjunto da classe trabalhadora. Atualmente, por exemplo, o total dos gastos sociais em proporção ao PIB aproximou-se dos 23%, enquanto ao final da ditadura militar (1985) esse valor era inferior a 14% do Produto Interno Bruto. (Ver figura 2.6.)

Figura 2.6 – Brasil: evolução do gasto social (% do PIB)

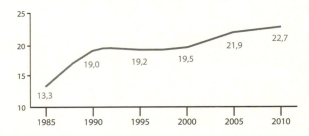

Fonte: M. Pochmann, *Desenvolvimento e novas perspectivas para o Brasil*, cit., p. 43

O movimento de constitucionalização dos direitos dos trabalhadores significou a valorização dos princípios da justiça e da solidariedade, permitindo que o gasto social avançasse em relação ao Produto Interno Bruto e passasse a apresentar resultados de melhora importante no bem-estar geral da população[45].

---

[45] Ver: IPEA, *Brasil em desenvolvimento: estado, planejamento e políticas públicas* (Brasília, Ipea, 2009); J. Castro e J. Ribeiro, *Situação social brasileira* (Brasília, Ipea, 2009).

Em 2008, por exemplo, a força dos benefícios da previdência e da assistência social associada à elevação do valor real do salário mínimo evitou que quase 45% dos brasileiros se encontrassem na condição de pobreza extrema.

Em 1988, a pobreza atingia 41,7% da população, e o índice de Gini de desigualdade da renda do trabalho era de 0,62. Duas décadas depois, a taxa de pobreza caiu para 25,3% dos brasileiros (queda de 39,3%) e a desigualdade da renda diminuiu para 0,54 (redução de 11,7%).

Na área da saúde, a trajetória não se mostrou diferente. Percebe-se, por exemplo, como a queda de 62% na taxa de mortalidade infantil (de 50,8 óbitos por mil nascidos vivos, em 1988, chegou-se a 19,3 em 2008) terminou sendo acompanhada pela elevação na expectativa média de vida dos brasileiros em 10,6% (de 65,8 para 72,8 anos entre 1988 e 2008).

Em relação à educação, observa-se a elevação na frequência escolar de 26,9% para 78,1% entre 1988 e 2008 na faixa etária de 4 a 6 anos; de 84,1% para 98,1% no estrato de 7 a 14 anos e de 52,4% para 83,7% entre 15 e 17 anos de idade, o que contribuiu para a ampliação da escolaridade média da população de 15 anos e mais de idade de 5,1 para 7,4 anos desde a implementação da Constituição Federal de 1988.

Sinteticamente, compreendem-se como a formação dos grandes complexos públicos e sua crescente integração operativamente em cada um dos setores das políticas sociais respondeu de forma positiva à implantação da pauta originária do novo sindicalismo. É claro que desde a segunda metade da década de 1980, com a implantação do Sistema Único de Saúde (SUS), passando por outras áreas até chegar mais recentemente ao Sistema Único de Assistência Social (Suas), foi um longo tempo de intensa batalha política e laboral.

Deve-se ressaltar que em cada um dos setores verticalmente organizados das políticas sociais houve também avanços na especialização necessária das ações e do corpo funcional, acompanhado, geralmente, da prévia fixação e até da vinculação da parcela em alguns casos de recursos orçamentários no financiamento de cada uma das políticas sociais. Sem isso, as ações de atenção social perderiam efetividade, especialmente no contexto de baixo dinamismo econômico verificado durante as duas últimas décadas do século XX. (Ver figura 2.7.)

O retorno do crescimento econômico associado ao redirecionamento do gasto social favoreceu a ampliação das possibilidades de emprego e de renda na

Figura 2.7 – Brasil: benefício e gasto em complexos de atenção social em 2008

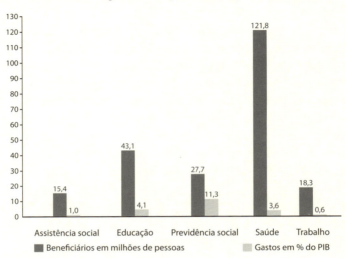

Fonte: IPEA, *Brasil em desenvolvimento: estado, planejamento e políticas públicas*, cit., p. 16.

base da pirâmide social brasileira. Com isso, o país passou a registrar desde 2004 uma importante inflexão na evolução da estrutura da sociedade. De uma estratificação social congelada ao longo da década de 1990 passou-se a uma significativa mobilidade social nos segmentos de menor rendimento. Em resumo, houve um decréscimo relativo na base da pirâmide social vinculado à ascensão de novos segmentos de rendimento. Isso pode ser constatado se dividirmos o conjunto da população brasileira no ano 2001 em três partes equivalentes e acompanharmos a sua evolução a partir de então. (Ver figura 2.8.)

Percebe-se que no primeiro terço do total da população encontra-se a base da pirâmide social, cujo rendimento individual é de até R$ 188 mensais no que se refere ao ano de 2008. O segundo terço populacional compreende o segmento intermediário de renda, identificado que é pelo rendimento individual de R$ 188 a R$ 465 mensais. Por fim, o terceiro e último terço da população representa o estrato superior da renda, com rendimentos individuais acima de R$ 465 mensais.

A partir dessa divisão populacional em três partes equivalentes se tornou possível retroagir e avançar no tempo em relação ao ano de 2001. O que se pode ressaltar no período considerado se relaciona à perda de importância relativa no total da população do menor estrato de renda. Entre 1997 e 2004, por exemplo, o segmento de baixa renda era formado por cerca de 34% da população nacional, mas desde 2005 passou a reduzir rapidamente a sua participação relativa. Em 2008, o segmento de menor renda representou apenas 26% dos brasileiros, a menor participação relativa desde 1995.

Resumidamente, percebe-se que a participação relativa da população na base da pirâmide social encolheu 22,8% entre 2005 e 2008, resultado direto da mobilidade ascensional de 11,7 milhões de pessoas para estratos de maior renda. Por consequência, o segundo (médio) e o terceiro (alto) estratos de renda ganharam maior representatividade populacional.

Figura 2.8 – Brasil: evolução da estrutura social segundo três níveis de renda de 1995 a 2008 (total = 100%)

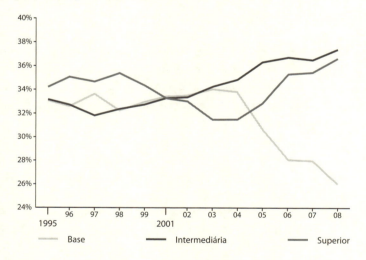

Fonte: IBGE/ Pesquisa Nacional por Amostra de Domicílio (PNAD) (elaboração do Ipea)
Até R$ 188 mensais *per capita* = base; de R$ 188 a R$ 465 = intermediária; acima de R$ 465 = superior.

A partir de 1997, o estrato intermediário de renda cresceu relativamente à sua participação até 2005, quando apresentou um salto expressivo. Em 2008, o segundo estrato de renda respondeu por 37,4% da população, enquanto em 1995 ele significava somente 21,8%. Entre os anos de 2004 (34,9%) e de 2008 (37,4%), o estrato intermediário registrou uma elevação relativa de 7,2% no total da população, o que equivaleu à incorporação de 7 milhões de brasileiros.

Na sequência, o estrato superior de renda passou a apresentar uma trajetória de perda relativa na participação populacional. Entre 1998 e 2004, saiu de 35,3% para 31,5% da população, e a partir de 2005 recuperou posição relativa. Em 2008, o estrato social superior respondeu por 36,6% do total da população brasileira, a mais alta participação registrada desde 1995. Entre 2004 (31,5%) e 2008 (36,6%), o crescimento de sua participação relativa foi de 16,2%, significando que 11,5 milhões de brasileiros foram absorvidos no estrato superior de renda.

Em síntese, registra-se que, somente entre 2005 e 2008, 11,7 milhões de brasileiros abandonaram a condição de menor renda, enquanto 7 milhões de indivíduos ingressaram no segundo estrato de renda e 11,5 milhões transitaram para o estrato superior de renda.

As modificações recentes na estrutura social brasileira encontram-se diretamente relacionadas à recente trajetória de ascensão social. Somente entre 2001 e 2008, a renda *per capita* nacional cresceu 19,8% em termos reais, ao passo que 19,5 milhões de brasileiros registraram aumento real no seu rendimento individual acima da evolução da renda *per capita* nacional, o que correspondeu a 11,7% do total dos brasileiros com rendimentos crescendo acima da média da evolução da renda *per capita* real do país.

Se considerado o total da população com desempenho superior à renda média do conjunto dos brasileiros, nota-se ainda que 13,5 milhões (69,2%) ascenderam ao estrato de renda intermediária, enquanto 6 milhões (39,8%) passaram para o segmento de renda superior. Na passagem do primeiro para o segundo estrato de renda, registra-se que as regiões Sudeste (36,3%) e Nordeste (34,1%) responderam por quase 71% do movimento nacional de mudança na estrutura social na base da pirâmide brasileira. A região Sudeste registrou a inclusão de 4,9 milhões de indivíduos no segundo estrato de renda, enquanto a do Nordeste incluiu 4,6 milhões, seguido de 1,5 milhão da região Sul (11,1%), 1,4 milhão da região Norte (10,4%) e 1,1 milhão do Centro-Oeste (8,1%).

Considerações finais

Por força do processo de desindustrialização, os países perdem também participação relativa da classe média assalariada no total da população. Ao mesmo tempo, registra-se o deslocamento da maior parcela da classe média mundial para os países asiáticos, em virtude da concentração, nesses países, de parte importante da manufatura global.

No caso brasileiro, as duas últimas décadas do século XX foram marcadas pela regressão econômica e social. Exemplo disso ocorreu com a contenção dos postos de trabalho em geral, sobretudo de classe média, interrompendo quase cinquenta anos de importante mobilidade social, ainda que extremamente desigual.

A partir da década de 2000, o Brasil combinou crescimento econômico com distribuição de renda, o que permitiu a retomada da mobilidade social, especialmente aquela associada à base da pirâmide social. Por intermédio de significativa expansão do nível de emprego com remuneração levemente acima do valor do salário mínimo e garantia de renda aos segmentos empobrecidos da população, ocorreu a incorporação de quase um quarto dos brasileiros no mercado de consumo de massa.

Tal como observado nos países de capitalismo avançado no segundo pós-guerra, parcela importante da classe trabalhadora foi incorporada no consumo de bens duráveis, como televisão, fogão, geladeira, aparelho de som, computador, entre outros. Esse importante movimento social não se converteu, contudo, na constituição de uma nova classe social, tampouco permite que se enquadrem os novos consumidores no segmento da classe média.

Trata-se, fundamentalmente, da recomposição da classe trabalhadora em novas bases de consumo. Porém, diante do movimento geral de consolidação do capitalismo monopolista transnacional, em que cada país participa parcialmente das cadeias de produção, a estrutura social sofre modificações mais importantes ainda.

Por conta disso, o próximo capítulo tem por objetivo destacar o novo dinamismo capitalista, bem como seus impactos na estrutura social dos países, especialmente do Brasil.

3. CADEIAS GLOBAIS DE PRODUÇÃO E CICLOS DE MODERNIZAÇÃO NO PADRÃO DE CONSUMO BRASILEIRO

Com a difusão da produção de manufaturas gerada pela Primeira Revolução Industrial e Tecnológica na Inglaterra, o acesso a bens e serviços civilizados começou gradualmente a romper com a herança malthusiana estabelecida pelo desempenho da sociedade agrária. Ou seja, a trajetória da expansão demográfica diante da contida capacidade de elevar a produção no campo implicava não apenas a naturalização da pobreza e, por consequência, a privação ao acesso de bens e serviços civilizados como também tornar as vítimas (os miseráveis) responsáveis por sua própria situação de exclusão.

Se considerados o rendimento decrescente que derivava da ocupação maior de terras agriculturáveis e o predomínio da perspectiva das vantagens comparativas entre as nações, a desigualdade na distribuição da oferta de bens e serviços seria natural. As revoluções industriais e tecnológicas terminaram por abolir as limitações estabelecidas em relação à privação da sociedade agrária, uma vez que a partir de uma pequena quantidade de ocupados se tornaria possível elevar a capacidade de produção num nível muito acima do das necessidades humanas.

Dessa forma, a desigualdade no acesso aos bens e serviços deixou de ser algo natural para se tornar cada vez mais um problema de natureza política. Assim, as classes passaram a se movimentar política e organizadamente, a fim de reduzir o diferencial no acesso aos bens e serviços civilizados.

No século XX, não obstante a prevalência da desigualdade no pertencimento de bens e serviços, o diferencial de acesso ao padrão de produção de consumo em massa decaiu consideravelmente. Em geral, o entendimento político acerca do senso de injustiça na determinação do acesso ao consumo contribuiu para a redução das desigualdades. (Ver figura 3.1.)

Figura 3.1. – Tendência de acesso aos bens e serviços civilizados, segundo diferentes tipos de sociedade e estratos sociais

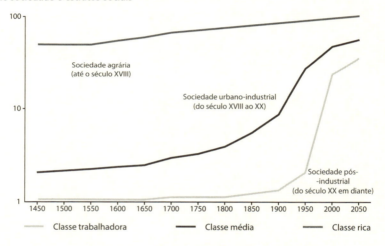

Fonte: A. Maddison, *The World Economy: Historical Statistics* (Paris, OECD, 2003), p. 189 (elaboração do autor)

O movimento de alteração no padrão de consumo cada vez mais fundamentado nos bens e serviços vinculados às atividades industriais seguiu impulsos na forma de ondas de expansão. Na maior parte das vezes, as ondas de difusão do consumo, sobretudo de bens duráveis (geladeira, rádio, máquina de lavar, micro-ondas, rádio, televisor, automóvel, entre outros), associaram-se às modificações na distribuição de renda capazes de permitir a inclusão de antigos segmentos pauperizados no consumo[46].

---

[46] Ver: L. Cohen, *A Consumer's Republic: The Politics of Mass Consumption in Postwar America* (Nova York, Vintage, 2003); K. Matsuyama, The Rise of Man Consumption Societies, *Journal of Political Economy*, Chicago, The University of Chicago Press, v. 110, n. 5, 2002, p. 1035-70.

Além da elevação do nível de renda das famílias, por força da expansão econômica com a elevação do emprego e do crédito, tiveram importância as modificações nos preços relativos, ou seja, o diferencial de preços relacionados ao consumo dos bens industriais quando comparados a preços de outros itens de consumo, sobretudo aqueles associados aos serviços.

Com a passagem para a sociedade pós-industrial desde o último quartel do século passado, o deslocamento maior do peso relativo dos bens industriais para os de serviços repercutiu consideravelmente sobre o padrão de consumo das famílias. Influenciou não apenas a alteração nos preços relativos, mesmo que sem mudança significativa na distribuição de renda, mas também possibilitou a diminuição dos gastos com despesas com bens industriais.

Ademais, o aparecimento de inegáveis inovações nas tecnologias de informação e comunicação suportadas pela internet protagonizou um padrão de consumo cada vez mais dependente dos serviços. Em relação ao grau da desigualdade no acesso aos bens e serviços civilizados, percebe-se a sua crescente dependência ao jogo da política diante da abundância de oferta que decorre das escalas globais de produção do capitalismo, organizadas pelas corporações transnacionais.

Em função disso, a superação das desigualdades no acesso aos bens e serviços civilizados permanece associada à capacidade de uma atuação política efetiva construída a partir da maior e melhor compreensão acerca da injustiça presente no funcionamento da sociedade capitalista. Mesmo assim, constata-se que o padrão de consumo assentado nos serviços deriva de lastros de uma sociabilidade virtual e individualizada, com o esvaziamento dos espaços públicos pertencentes às antigas formas de relacionamento social reproduzido nos espaços públicos como praças, parques, cinemas, entre outros.

No Brasil, por outro lado, a desigualdade no acesso aos bens e serviços civilizados vem de muito tempo. Somente a partir da virada para o século XXI o processo de modernização e inclusão no padrão de consumo dos bens duráveis ganhou maior dimensão social. É por conta disso que o presente capítulo busca analisar as principais razões explicativas para a redução do grau de desigualdade no padrão de consumo de bens e serviços civilizados. Uma primeira razão encontra-se associada à globalização do novo paradigma de produção impulsionada pelas corporações transnacionais.

Não somente as cadeias globais de produção e o comércio intrafirmas ganharam maior importância como também a continuidade do movimento de deslocamento da produção de manufatura para países com menores custos de produção, como os da Ásia, tornou possível a tendência de homogeneização mundial do consumo. Em grande medida, a mudança nos preços relativos provocada pela distribuição global da produção industrial asiática com o menor custo do mundo favoreceu a ampliação do consumo de segmentos sociais de menor renda, sobretudo nos países não desenvolvidos.

Uma segunda razão explicativa decorre das especificidades da inserção brasileira nas cadeias produtivas globais, que coincidem com a adoção de políticas econômicas e sociais de estímulo ao consumo para os segmentos pertencentes à base da pirâmide social. O aumento e a diversificação do acesso ao consumo de bens duráveis são resultado das decisões políticas tomadas na primeira década do século XXI. A seguir, apresenta-se a combinação da mudança nos preços relativos gerada pela reorganização do capitalismo monopolista transnacional com a adoção das políticas governamentais brasileiras de fomento ao consumo de massa, capazes de alterar a estrutura social do país nos anos 2000.

3.1. Cadeias produtivas globais e massificação do consumo de baixo custo

A partir dos anos 1980, a intensificação da globalização foi acompanhada pela consolidação de dois movimentos especiais e reestruturadores das sociedades capitalistas. De um lado, houve o aparecimento de uma superclasse de padrão global representada pela força organizativa das elites dirigentes e apoiada pelas grandes corporações transnacionais nas altas finanças, na mídia e em algumas religiões de dimensão mundial[47]. Ao mesmo tempo, somados a essa superclasse global, surgem os operadores das maiores organizações criminosas e terroristas do planeta. De associações de mafiosos a empresas de lavagem de dinheiro, passando por paraísos fiscais e uma biopirataria expandida,

---

[47] Ver: D. Rothkopf, *Superclass*, cit.; R. Frank, *Riquistão*, cit.; M. Pinçon e M. Pinçon-Charlot, *Voyage en grande bourgeoisie: journal d'enquête* (Paris, PUF, 2010).

tais operadores são constituídos por uma elite controladora do crime em escala global[48].

De outro lado, deu-se a configuração de uma massa humana indistinta e sem contornos definidos que abrange a todos, excetuando-se os muito ricos e os mais miseráveis. Nesse sentido, multidões de pessoas com rendimentos cada vez mais conectados ao consumismo e apoiados, sobretudo, pelo aumento emergente do acesso aos bens e serviços, gerados que são por um novo paradigma de produção de baixo custo (*low cost*), ganharam uma dimensão nem sempre polarizadora em relação à superclasse global[49].

A reorganização das atividades econômicas posta em marcha pela escala das cadeias globais de produção tornou possível a trajetória de uniformização mundial do consumo. Em geral, trata-se de uma cesta de consumo composta por bens não duráveis, como calçados esportivos, alimentação fast-food e roupas de grifes, e de bens duráveis diversos, como veículos e eletrônicos e, ainda, serviços de viagens e turismo.

Assim, a capacidade de consumo enquanto elemento central de identificação do sentido de multidões de individualidades terminou por ser impulsionada tanto pelas mídias tradicionais como pelas novidades associadas à internet[50]. O avanço das tecnologias de comunicação e de informação redundou em redes de escala global de um consumismo desenfreado e alienante.

Esses dois movimentos reestruturadores das sociedades modernas expressam modificações maiores em curso geradas por um novo paradigma de produção de menor custo capaz de conectar partes fragmentadas

---

[48] Ver: L. Napoleoni, *Economia bandida* (trad. Pedro Jorgensen Júnior, Rio de Janeiro, Difel, 2010); J. McCain e M. Salter, *Why Courage Matters: The Way to a Braver Life* (Nova York, Random House, 2004).

[49] Ver: M. Hopenhayn, *Ni apocalípticos ni integrados: aventuras de la modernidad en América Latina* (2. ed., Cidade do México, FCE, 2006); M. Gaggi e E. Narduzzi, *El fin de la clase media y el nacimiento de la sociedad de bajo coste* (trad. Cuqui Weller, Madri, Lengua de Trapo, 2007); U. Beck e E. Beck-Gernsheim, *La individualización: el individualismo institucionalizado y sus consecuencias sociales y políticas* (trad. Bernardo Moreno Carrillo, Barcelona, Paidós, 2003); M. Hardt e A. Negri, *Multidão*, cit.

[50] Ver: N. Ferguson, *Civilization: The West and the Rest* (Londres, Penguin, 2011); Z. Bauman, *Vida para o consumo: a transformação das pessoas em mercadoria* (trad. Carlos Alberto Medeiros, Rio de Janeiro, Zahar, 2008); P. Bourdieu, *A economia das trocas simbólicas* (trad. Sergio Miceli et al, 2. ed., São Paulo, Perspectiva, 2009).

geograficamente em escala global. Como consequência, a produção de bens e serviços de baixo custo permitiu ampliar o consumo de segmentos de menor renda sem que houvesse a prévia e necessária elevação do nível de rendimento dos pobres no mundo.

3.1.1. Novo paradigma de produção

O desmantelamento das experiências de socialismo real na virada da década de 1990 impulsionou o aumento da força de trabalho de 1,5 bilhão para 2,9 bilhões de pessoas no mundo. O acréscimo de mais de 1,4 bilhão de trabalhadores aos mercados capitalistas provenientes do Leste Europeu e da Ásia se mostrou providencial para a estratégia das grandes corporações transnacionais manufatureiras, que se encontravam ameaçadas pela adoção de políticas neoliberais nas economias capitalistas avançadas desde o início dos anos 1980[51].

A ascensão do neoliberalismo terminou por restabelecer o poder dos bancos no mundo, após o interregno de meio século que se sucedeu ao desastre financeiro e especulativo da Grande Depressão de 1929. Antes disso, o papel dos bancos na trajetória do desenvolvimento capitalista era inegável[52].

Com a vigência do Acordo de Bretton Woods, realizado em 1944 com representantes de 44 países, o sistema bancário e financeiro internacional passou a funcionar com base num conjunto de regras previamente definidas. O dólar fixo e conversível ao ouro seria a moeda de curso internacional, enquanto a taxa de juros fixa também se manteria, na maior parte das vezes, estabelecida abaixo da inflação. Instituições multilaterais como o Banco Mundial, o Fundo Monetário Internacional e o Acordo de Livre Comércio, que antecedeu à Organização Mundial do Comércio, passaram a regular as relações econômicas entre os países.

Por quase três décadas, as economias do centro do capitalismo percorreram a época de ouro, combinando a expansão significativa da produção com

---

[51] Ver: R. Freeman, *The Great Doubling: The Challenge of the New Global Labor Market* (Boston, FED, 2006); P. Nolan e J. Zhang, Global Competition After the Financial Crisis, *New Left Review*, Londres, v. 64, jul.-ago. 2010, p. 97-108.

[52] Ver: G. Arrighi, *O longo século XX: dinheiro, poder e as origens de nosso tempo* (trad. Vera Ribeiro, Rio de Janeiro/São Paulo, Contraponto/Editora Unesp, 1996).

a redução da pobreza e da desigualdade. Nos países da periferia capitalista, o segundo pós-guerra representou a possibilidade de construção de economias nacionais, com alguns avanços em termos de industrialização da produção e de mudança na estrutura social.

A partir do último quartel do século XX, porém, parcelas significativas das economias passaram a ser dirigidas novamente pelo comportamento das altas finanças, com as atividades bancária e financeira desreguladas assumindo maior centralidade no conjunto das políticas governamentais. O resultado observado desde então se caracterizou por um desempenho econômico dos países associado a crises financeiras de importante proporção.

Nas últimas três décadas houve a cada dois anos, em média, a manifestação de pelo menos uma crise financeira. Esse quadro de turbulências internacionais na dinâmica do capitalismo foi resultado, em grande medida, da atuação majoritária da indústria bancária no mundo[53]. Sendo assim, a difusão do processo de financeirização das economias se caracterizou por três aspectos principais.

O primeiro associa-se ao movimento mais geral de desregulamentação financeira, presente desde a década de 1970, com a reversão dos Acordos de Bretton Woods. O desaparecimento de taxas de juros fixas e abaixo da inflação, acompanhado da expansão de mercados financeiros sem ter mais o controle firme das autoridades públicas nacionais e internacionais, impulsionou o deslocamento crescente das finanças no comportamento real da economia. Novas formas de geração de riqueza foram ampliadas, muitas vezes sem contrapartidas em termos de produção. A inovação tecnológica e a sofisticação dos produtos e serviços financeiros lastrearam parte significativa do avanço de uma economia desmaterializada.

O segundo aspecto refere-se à diminuição progressiva da presença dos bancos públicos na indústria bancária. No final da última década do século XX, as economias capitalistas avançadas registravam ainda cerca de um quarto do total dos ativos bancários sob a responsabilidade do setor público, enquanto

---

[53] Ver: R. Guttmann, Uma introdução ao capitalismo dirigido pelas finanças, *Novos Estudos*, São Paulo, Cebrap, n. 82, 2008, p. 11-33; R. Andrade e A. Mendonça (orgs.), *Regulação bancária e dinâmica financeira: evolução e perspectivas a partir dos Acordos de Basileia* (Campinas, IE/Editora da Unicamp, 2006).

nos anos 1970 esse número chegou a atingir dois quintos. O processo de privatização das atividades bancárias se generalizou, ainda que no Leste Europeu (ex-bloco soviético) e na América Latina tenha ocorrido mais o esvaziamento da participação do Estado no setor bancário. Entre as décadas de 1970 e 1990, a presença do Estado no total dos ativos bancários caiu 44,4% nos países da Europa, ao passo que na América Latina reduziu-se em 37,5%. No mesmo período de tempo, a região asiática apresentou queda de 16,3% na participação do setor público no total dos ativos bancários, sendo essa queda de 6,4% nos países do sul da Ásia. Somente no período de 1987 a 2003, por exemplo, mais de 250 bancos foram privatizados no mundo, o que representou a injeção de US$ 143 bilhões nos cofres públicos.

Por fim, o terceiro aspecto refere-se à terceirização de uma parcela dos produtos e serviços bancários de menor rentabilidade e de maior risco. Assim, atividades correspondentes à intermediação financeira, que até então eram pertencentes ao monopólio da correspondência bancária, foram externalizadas às entidades originalmente exógenas ao segmento tradicional dos bancos. Foi nesse particular que empresas e organismos não governamentais terminaram por assumir tarefas correspondentes às atividades bancárias, como o recebimento de contas a pagar, os empréstimos individual e coletivo, a retirada de recursos de contas bancárias, entre outras funções. Embora não definido como pertencente aos bancos tradicionais, o conjunto de atividades que foram terceirizadas não deixou de fazer parte do ramo da produção bancária. O elemento central de descentralização das operações, com redução de custos, baixa rentabilidade e riscos maiores, foi o fator determinante no processo de reestruturação bancária.

Esse movimento geral no interior da indústria bancária expressou o predomínio da perspectiva neoliberal acerca da visão de superioridade das forças de mercado e da ineficiência do Estado[54]. Assim, prevaleceu a trajetória que favoreceu uma maior concentração bancária, com a diminuição, por

---

[54] Ver: E. Boehmer, R. Nash e J. Netter, Bank Privatization in Developing and Developed Countries: Cross-Sectional Evidence on the Impact of Economic and Political Factors, *Journal of Banking and Finance*, Roma, v. 29, 2005, p. 1981-2013; G. Clarke et al, *Structural Reform in Latin American Banking Since 1990* (Stanford, LASU, 2004).

exemplo, em 41% do total dos bancos comerciais dos Estados Unidos entre 1990 (12.343) e 2007 (7.282).

O reposicionamento do poder dos bancos na passagem para o século XXI resultou dos movimentos de privatização, fusão e incorporação no segmento e da externalização de funções para instituições de correspondência bancária, como as operações de microcrédito. Em síntese, a ascensão das altas finanças concomitantemente ao avanço das corporações financeiras transnacionais sustenta o próprio processo de globalização capitalista com baixa regulação pública.

Diante disso, a estratégia das corporações transnacionais manufatureiras foi a de interligar os avanços da Terceira Revolução Tecnológica com as oportunidades geradas pelo deslocamento de suas filiais para as regiões de menores custos de produção. Ou seja, a parte do mundo em transição para o capitalismo, cuja exploração da força de trabalho se mostrou mais avançada diante da ausência de regulação social e trabalhista[55].

A exposição de maior fluxo de mão de obra proveniente das diversas modalidades de desregulamentação dos mercados nacionais de trabalho, motivada seja pelo desmantelamento do bloco soviético, seja pela abertura das economias chinesas e indianas, seja pela flexibilização na América Latina, impulsionou ainda mais o grau de competição por postos de trabalho. Através da terceirização de serviços (*outsourcing*) e da transferência da produção para o exterior (*offshoring*), cerca de 500 grandes corporações transnacionais elevaram o nível de atividade a partir de custos menores de produção dos bens de consumo duráveis.

Assim, o estabelecimento de cadeias globais de produção possibilitou uma concentração cada vez maior no setor por parte das grandes corporações transnacionais. No ano de 2010, elas respondiam, por exemplo, por quase metade de toda a produção mundial, enquanto em 1980 não alcançavam um quinto do produto global[56].

---

[55] Ver: E. Mouhoud, *Mondialisation et délocalisation des entreprises* (Paris, La Découverte, 2008); G. Stumpo (org.), *Empresas transnacionales: procesos de reestructuración industrial y políticas económicas en América Latina* (Buenos Aires, Alianza, 1998).

[56] Ver: M. Pochmann, *Desenvolvimento e novas perspectivas para o Brasil*, cit; T. Sturgeon e O. Memedovic, *Mapping Global Value Chain: Intermediate Goods Trade and Structural Change in the World Economy* (Viena, Unido, 2011, Série Working Papers), v. 5.

A mudança do paradigma de produção fordista para o toyotista permitiu a redução dos custos de produção por meio da externalização dos serviços e da concentração interna nas atividades finalísticas de cada empresa. Com o avanço das tecnologias de informação e comunicação (TICs), essa modalidade possível de produção no plano local se tornou viável em escala mundial.

Dessa forma, a grande empresa transnacional obteve vantagens absolutas, combinando capital de alta tecnologia com mão de obra barata em regiões com infraestrutura suficientemente adequada para a absorção de empresas deslocadas e de investimentos diretos do exterior provenientes dos países capitalistas avançados. O intercâmbio crescente no interior das grandes corporações transnacionais (intrafirma) resultou em cadeias globais de produção, responsáveis por cerca de dois terços de todo o comércio mundial.

Com base no planejamento e na coordenação dos investimentos e da produção das corporações transnacionais, avança cada vez mais a integração horizontal das atividades econômicas em praticamente todo o território mundial. Assim, os países capitalistas avançados, responsáveis por 16% da população mundial, respondem por 95% das 500 maiores empresas transnacionais, cuja atuação conjunta abrange dois terços do comércio internacional e mais da metade dos investimentos em pesquisa e desenvolvimento tecnológico.

3.1.2. *Sociedade* low cost

A massificação do consumo de bens e serviços para além do seleto segmento social de maior renda teve como ponto de partida a generalização de um novo paradigma de produção. Por meio da grande corporação transnacional, a combinação do capital de alta tecnologia com o uso de mão de obra barata em regiões com infraestrutura adequada de produção resultou nas cadeias globais de produção.

Nesse sentido, a inclusão de imenso reservatório de trabalhadores com educação elevada, pertencente anteriormente aos países do bloco soviético e às nações que passaram pela abertura econômica, contribuiu significativamente para o movimento de relocalização geográfica das plantas industriais. Por conta disso, prevaleceu uma enorme desigualdade na distribuição regional das plantas de produção de manufatura, tendo em vista as decisões autônomas das corporações transnacionais.

Com o acirramento da competição entre os trabalhadores, houve ainda maior estímulo à redução do custo do trabalho. Quando associado ao rebaixamento dos demais custos de produção (transporte, informação, tributação, entre outros) e à introdução de novas tecnologias, consolida-se o paradigma de produção de menor custo e conectada mundialmente.

Em grande medida, o avanço do consumo massificado dependeu da oferta crescente de bens e serviços baratos colocados à disposição das multidões de baixa renda. Mas isso, por si só, não seria suficiente para a ampla incorporação de novas massas de consumidores sem a superação adicional de três condicionantes fundamentais que favoreceram a rigidez na distribuição de renda no interior de cada país.

O primeiro condicionante enfrentado passou pelos processos de abertura produtiva, comercial e laboral. Dessa forma, as condições geradas pelo segundo pós-guerra mundial de construção dos espaços nacionais de políticas públicas voltadas ao desenvolvimento de estruturas produtivas, comerciais e de trabalho foram desconstituídas pela força da globalização dos mercados.

Assim, a emergência das cadeias globais de produção tornou a economia internacional cada vez mais integrada, interdependente e especializada. Os ganhos do processo de produção manufatureira se apresentaram fragmentados e movidos pelo desempenho em escala global das atividades econômicas.

De todo modo, a ampla abertura das economias tornou acessível um conjunto de bens e serviços de baixo custo gerado pelas cadeias globais de produção. Em contrapartida, a desindustrialização se expandiu nas regiões deslocadas das opções de produção das corporações transnacionais, resultando no movimento de especialização das economias.

Os reflexos na geração de renda e de empregos foram imediatos e evidentes. Sem a indústria de manufatura como promotora do desenvolvimento, os postos de trabalho em profusão, geralmente associados aos setores primário (agropecuária e extrativismo mineral e vegetal) e terciário (comércio e serviços), foram os que tiveram menor renda.

Não obstante a generalização de ocupações de salários contidos, a sociedade de baixo custo avançou a massificação do consumo de bens e serviços baratos. Com isso, reafirmaram-se as marcas da identidade e da posição social expressas por falsos sinais de pertencimento ao estrato superior tão somente pela inclusão no consumo.

O segundo condicionante refere-se à barreira da exclusão bancária aos segmentos de baixa renda. Por força de ocupações descontínuas e remunerações insuficientes, os segmentos constitutivos da base da pirâmide social de muitos países permaneciam deslocados das oportunidades do endividamento para o acesso ao consumo, sobretudo de bens e serviços de maior valor unitário. Dessa forma, a inclusão no consumo de bens não duráveis, como os de grifes, e duráveis, como eletrodomésticos e automóveis, permanecia postergada. Foi nesse contexto que a terceirização no interior dos bancos e a operacionalização dos correspondentes bancários favoreceram o desenvolvimento de atividades de baixo retorno e maior custo e risco, destinadas especialmente aos segmentos de baixa renda.

Ao mesmo tempo, a implementação de novas formas de intermediação bancária, como os empréstimos consignados, os programas de transferência de rendas, entre outros, estimulou o endividamento para o consumo da população de baixa renda. Mesmo diante de uma ocupação vulnerável e um rendimento precário, o acesso ampliado ao crédito se tornou possível, permitindo desatar o nó da exclusão bancária enquanto forma de constrangimento ao consumo de bens e serviços de maior valor unitário.

Por fim, o terceiro condicionante está vinculado à estrutura constitutiva dos preços dos bens e serviços até então reservados ao consumo dos segmentos de maior renda. A diversidade da oferta de bens e serviços de consumo popular com preços cadentes abriu uma folga adicional nos orçamentos familiares de baixa renda para a inclusão de nova cesta de consumo.

Assim, a mudança na estrutura relativa dos preços de bens e serviços reduziu o peso, por exemplo, dos gastos com alimentação e vestuário. Na mesma medida, tornou-se possível a incorporação do consumo de artigos eletrônicos, telefones celulares, microcomputadores e serviços de viagens a baixo custo.

Nesses termos, a sociedade *low cost* ganhou expressão global, ocorrendo em diferentes países sem que fosse necessária uma alteração sensível na repartição da renda ou na estrutura de classes sociais. Acontece que a inclusão dos segmentos de baixo rendimento no consumo de bens e serviços que até então estavam reservados aos estratos de maior renda favoreceu ainda mais a ideologia da ascensão social do capitalismo globalizado.

3.2. Ciclos de modernização do padrão de consumo no Brasil

O padrão do desenvolvimento capitalista no Brasil tem respondido desde a década de 1930 a certa regularidade de, pelo menos, duas dinâmicas estruturais: a primeira, relacionada à expansão e diversificação das forças produtivas promovidas quando da implantação de verdadeiros blocos de investimentos; e a segunda, revelada por ciclos de consumo decorrentes da capacidade ociosa ocasionada, existente em função da prévia expansão dos investimentos.

Assim, o aumento considerável da capacidade de produção da economia, proporcionado por um conjunto de investimentos, cria oportunidade para que a expansão do nível de atividade ocorra por um longo período de tempo. Nos últimos oitenta anos, por exemplo, a economia brasileira experimentou três momentos distintos de implementação de grandes blocos de investimentos.

O primeiro grande bloco de investimentos ocorreu entre as décadas de 1930 e 1940 e esteve voltado à implantação das indústrias de base, como a Companhia Siderúrgica Nacional, a Companhia Vale do Rio Doce, a Companhia Nacional de Álcalis e a Fábrica Nacional de Motores. Dessa modalidade de investimento estatal nasceu a base sobre a qual se erigiu a industrialização nacional a partir do primeiro governo Vargas (1930-1945).

O segundo grande bloco de investimentos aconteceu na década de 1950, sobretudo com as iniciativas do governo de JK (1956-1961). Ainda em 1953, a criação da Petrobras no segundo governo de Vargas teve importância fundamental, mas foi com o Plano de Metas, na segunda metade da década de 1950, que o país engatou num enorme esforço de coordenação de gigantesco conjunto de investimentos públicos e privados. O resultado principal foi a expansão e a diversificação de seu parque produtivo, sobretudo com a implantação das indústrias de bens de consumo duráveis (automóveis e eletrodomésticos). Além disso, a força dos investimentos fortaleceu também vários setores de infraestrutura (energia elétrica, petróleo e insumos).

O terceiro grande bloco de investimentos foi estabelecido em meados da década de 1970 com a implementação do Segundo Plano Nacional de

Desenvolvimento pelo governo do general Geisel. Em plena crise internacional, deflagrada pelo choque do petróleo em 1973, o Brasil ampliou consideravelmente os investimentos para fazer avançarem as indústrias de bens de capital e de computadores, para além dos programas substitutivos do petróleo, como os do Proálcool e de energia nuclear.

Além dos blocos de investimentos concentrados no tempo, têm importância na dinâmica estrutural do desenvolvimento capitalista brasileiro os ciclos de consumo, geralmente relacionados à mudança nas estruturas da distribuição de renda nacional e dos preços relativos. Dessa forma, a folga aberta no interior do orçamento das famílias permitiu modernizar seu padrão de consumo.

Concomitantemente aos blocos de investimentos, os ciclo de consumo se estruturaram o suficiente para conferir dinamismo à economia nacional. Se consideradas as últimas oito décadas, pode-se identificar a existência de pelo menos três ciclos distintos de expansão do consumo de bens duráveis (eletrodomésticos e veículos) entre os brasileiros.

O primeiro ciclo de consumo existiu antes da internalização da indústria de bens duráveis no Brasil, verificada somente a partir da segunda metade da década de 1950, com o governo de JK. Nesse caso, o acesso aos bens duráveis dependia fundamentalmente da importação proveniente dos países industrializados, o que implicava elevado custo e, portanto, quase uma reserva de consumo aos segmentos mais enriquecidos no país.

O segundo ciclo de consumo de bens duráveis transcorreu desde o final da década de 1960, coincidindo com o período também conhecido por "milagre econômico" (1968-1973). Naquela época, em que se consolidou a chamada classe média assalariada brasileira, gerada pelo avanço de empregos superiores tanto nas grandes empresas privadas quanto na burocracia especializada do setor público, houve um conjunto de medidas governamentais favoráveis à concentração dos rendimentos especialmente nos segmentos intermediários da distribuição de renda. Ao contrário da massa de trabalhadores, que teve seus rendimentos contidos abaixo da inflação, os estratos de classe média assalariada elevaram suas remunerações acima da inflação, incorporando ganhos significativos de produtividade. Além disso, as políticas dos governos autoritários da época favoreceram esses mesmos segmentos com crédito subsidiado ao consumo e à aquisição da casa própria (Banco Nacional da Habitação) e do automóvel, bem como com a expansão das vagas no ensino superior.

O terceiro ciclo de consumo foi motivado por duas razões principais. A primeira está associada às mudanças significativas dos preços relativos, especialmente com a queda dos custos dos bens de consumo duráveis desde os anos 1990, enquanto a segunda razão deve-se aos movimentos importantes de ampliação do crédito ao consumo e de desconcentração de renda na base da pirâmide social.

Desse modo, o processo recente de modernização no padrão de consumo se mostrou capaz de incorporar mais segmentos da população de baixa renda, sendo este o objeto de análise na sequência do texto. Para isso, consideram-se como elementos explicativos principais as mudanças nos preços relativos, os efeitos sobre os rendimentos da população e as alterações na composição da estrutura de consumo das famílias brasileiras.

3.2.1. *Alteração na estrutura dos preços relativos*

Um dos fatores que podem modificar o padrão de consumo das famílias diz respeito à evolução dos preços de diferentes bens e serviços quando pensada em relação ao comportamento geral da inflação. Assim, a diferença entre os preços de bens e serviços que crescem acima ou abaixo da taxa média de inflação tende a apontar para uma mudança relativa que impacta o padrão de consumo das famílias.

Para a análise da alteração dos preços relativos ao longo das décadas de 1990 e 2000, utilizou-se de um conjunto de informações primárias geradas pelo IBGE por meio do Índice Nacional de Preços ao Consumidor Amplo (IPCA). Os gráficos a seguir buscam identificar os preços desagregados de bens e serviços que se apresentaram acima ou abaixo do comportamento médio da taxa de inflação medida pelo IPCA em cinco períodos de tempo distintos.

Neste primeiro período de tempo, que congrega os anos de 1991 a 1994, destaca-se a fase de superinflação no Brasil. A taxa média anual de inflação foi de 1.062,9% e a taxa acumulada no mesmo período chegou a 17.289,3%, segundo a variação do IPCA. Dos 22 grupos de bens e serviços acompanhados, somente 7 cresceram abaixo da taxa de inflação e 6 acima, enquanto os

9 restantes praticamente acompanharam a evolução média do IPCA. Entre os preços de bens e serviços que cresceram abaixo da inflação destacam-se os artigos de residência e vestuário, ao passo que os preços de alimentação, saúde, educação e comunicação elevaram-se acima do IPCA. (Ver figura 3.2.)

Figura 3.2 – Brasil: variação dos preços em relação ao índice geral de preços entre 1991 e 1994 (IPCA acumulado = 100)

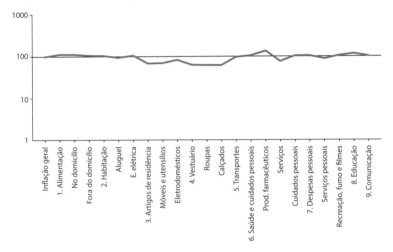

Fonte: FIBGE/IPCA (elaboração do autor)

Assim, embora o país tenha sido impactado por uma série de medidas radicais voltadas à abertura comercial e à privatização do setor produtivo estatal desde o governo Collor (1990-1992), as mudanças nos preços relativos não se apresentaram significativas. O mesmo, contudo, não pode ser dito em relação à implantação do Plano Real.

No segundo período de tempo analisado, que compreende os anos de 1995 a 1998, as mudanças nos preços relativos foram consideráveis. Com a estabilização monetária alcançada e a valorização do real, a abertura comercial terminou favorecendo a ampliação da oferta de produtos do exterior com preços inferiores aos praticados internamente. O acirramento da competição resultou na queda dos custos e das margens de lucro das empresas. Em função disso, percebe-se que o comportamento dos preços de bens e serviços vinculados aos setores alimentício, de vestuário e de artigos de residência, como os eletrodomésticos, moveu-se abaixo da inflação medida pelo IPCA. Outros setores, contudo, elevaram os preços acima da inflação, inclusive naquelas atividades que passaram pelo processo de privatização, como as relacionadas a produtos e serviços de utilidade pública (telefonia, gás, energia elétrica, estradas, entre outros). (Ver figura 3.3.)

Figura 3.3 – Brasil: variação dos preços em relação ao índice geral de preços entre 1995 e 1998 (IPCA acumulado = 100)

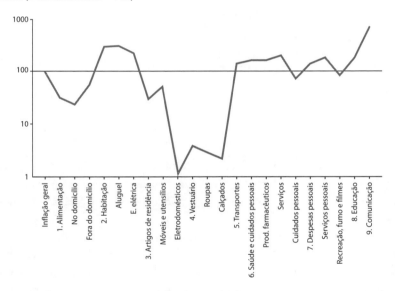

Fonte: FIBGE/IPCA (elaboração do autor)

No terceiro período considerado, as mudanças nos preços relativos não se apresentaram tão intensas diante do contexto de maior inflação e de baixo dinamismo econômico. Por conta disso, observa-se que os serviços foram, entre os anos de 1999 e 2003, os que apresentaram um comportamento abaixo da inflação, tendo em vista as restrições na renda dos consumidores diante de um custo de vida que, em geral, permaneceu maior. (Ver figura 3.4.)

Figura 3.4 – Brasil: variação dos preços em relação ao índice geral de preços entre 1999 e 2003 (IPCA acumulado = 100)

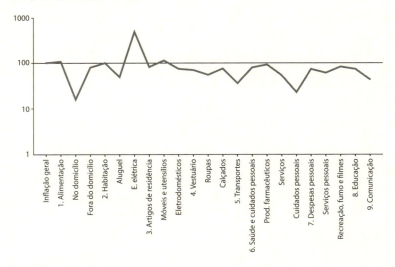

Fonte: FIBGE/IPCA (elaboração do autor)

Os artigos de residência e a energia elétrica destacaram-se com preços que evoluíram acima da inflação. Isso ocorreu, mais uma vez, em setores vinculados ao processo de privatização, que pressionou relativamente mais o comportamento geral da inflação.

No quarto período, representado pelos anos de 2004 e 2008, a alteração nos preços relativos se confirmou novamente pelos artigos de residência, com importante destaque no conjunto do setor de bens de consumo duráveis. Os demais preços praticamente acompanharam o comportamento da inflação, salvo o setor de serviços, assim como o de cuidados pessoais. (Ver figura 3.5.)

Por fim, o quinto período de tempo, referente aos anos de 2009 a 2012, reforça ainda mais a mudança nos preços relativos atinentes aos eletroeletrônicos e aos serviços de comunicação, que praticaram preços abaixo da inflação. Por motivo de maior controle nos contratos nos setores de utilidade pública por parte dos governos, como nas estradas privatizadas, na energia elétrica e na comunicação, a população pagou por preços que aumentaram menos se comparados à elevação do custo de vida. (Ver figura 3.6.)

Figura 3.5 – Brasil: variação dos preços em relação ao índice geral de preços entre 2004 e 2008 (IPCA acumulado = 100)

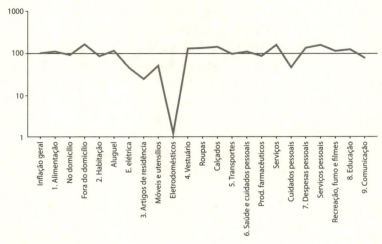

Fonte: FIBGE/IPCA (elaboração do autor)

Figura 3.6 – Brasil: variação dos preços em relação ao índice geral de preços entre 2009 e 2012 (IPCA acumulado = 100)

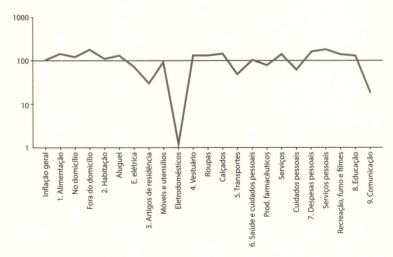

Fonte: FIBGE/IPCA (elaboração do autor)

O balanço geral sobre o comportamento dos preços desagregados a partir da estabilidade monetária entre os anos de 1995 e 2012 aponta para uma importante mudança nos preços relativos no Brasil. Por um lado, nota-se, por exemplo, uma inequívoca queda nos setores de artigos de residência, como eletrodomésticos, vestuário, alimentação e cuidados pessoais em relação ao comportamento geral da inflação. Por outro, nos setores vinculados à habitação, educação e comunicação, bem como nos serviços de utilidade pública, verifica-se um comportamento dos preços acima da variação da inflação medida pelo IPCA. Da equação entre preços de bens e serviços, em alta e em baixa, e o índice de inflação resultou a alteração nos preços relativos e, por consequência, a modernização do padrão de consumo da população, especialmente da de menor rendimento. (Ver figura 3.7.)

Figura 3.7 – Brasil: variação dos preços em relação ao índice geral de preços entre 1995 e 2012 (IPCA acumulado = 100)

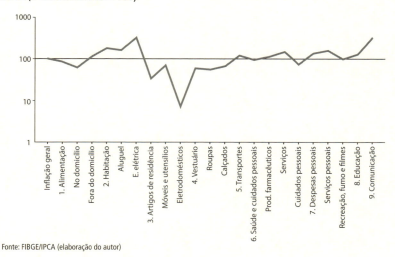

Fonte: FIBGE/IPCA (elaboração do autor)

É nesse sentido que se consagrou a onda de difusão do consumo de bens duráveis mais acessíveis à base da pirâmide social brasileira. A inversão do processo de concentração de renda também favoreceu a alteração do padrão de consumo no país no período recente, conforme será tratado a seguir.

3.2.2. Efeitos da renda e a massificação do consumo popular

Aliado ao movimento de alteração nos preços relativos, conforme demonstrado anteriormente, assistiu-se também às alterações no comportamento dos rendimentos da população. Se a queda relativa dos preços de bens industrializados fortaleceu a onda de modernização no consumo, a elevação do rendimento, especialmente no segmento que constitui a base da pirâmide social, ampliou ainda mais a mudança na demanda das famílias brasileiras.

O crescimento real verificado na renda média da população ocupada impactou diretamente o consumo das famílias, que passou a responder por mais de dois terços da dinâmica de crescimento do Produto Interno Bruto do país. Em função disso, cabe considerar o conjunto de efeitos positivos sobre o nível de renda das famílias ocorrido a partir da virada para o século XXI, tais como: (I) a redução no tamanho médio das famílias; (II) o aumento da inserção da mulher no mercado de trabalho; (III) a queda do desemprego; (IV) o aumento do rendimento médio real motivado pela elevação do salário mínimo, pelas negociações coletivas de trabalho e pelos programas de transferência de renda; e (V) a ampliação do crédito ao consumo popular.

O avanço feminino na ocupação constitui um elemento importante para a elevação do rendimento familiar. Para além do salário do chefe de família ocupado, o adicional de renda familiar gerado pela incorporação de mais membros no mercado de trabalho contribui consideravelmente para a elevação do rendimento *per capita* familiar.

Na década de 2000, por exemplo, a taxa de ocupação feminina subiu 24%, pois passou de 35,4%, no ano 2000, para 43,9%, em 2010. Na década anterior, a taxa de ocupação feminina havia aumentado em 19,6%, o que já foi bem acima do observado na década de 1980 (9,6%). Nesse sentido, percebe-se que a partir dos anos 1990 a aceleração do ingresso da mulher no mercado de trabalho contribuiu ainda mais para a elevação da renda no interior das famílias. Isso sem mencionar o aumento também da presença da mulher nas condições de chefe de família. No ano de 2010, por exemplo, 37,3% das famílias brasileiras eram chefiadas por mulheres ante 26,7% no ano 2000. Ou seja, trata-se de um acréscimo de 39,7% da responsabilidade feminina na chefia das famílias somente na primeira década de 2000. (Ver figura 3.8.)

94 O mito da grande classe média

Figura 3.8. – Brasil: evolução do número médio de membros da família e taxa de mulheres ocupadas em anos selecionados

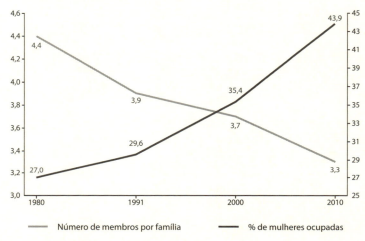

Fonte: FIBGE/Censos demográficos (elaboração do autor)

Além da presença de mais mulheres ocupadas, contribuiu também para a elevação na renda *per capita* familiar o decréscimo na quantidade de membros das famílias. No ano de 2010, por exemplo, as famílias brasileiras tinham, em média, 3,3 membros, enquanto em 2000 eram 3,7 membros. Na primeira década de 2000, o número médio de membros por família caiu 10,8%, enquanto na década de 1990 havia diminuído somente 5,1%. Com menor quantidade de pessoas fazendo parte das famílias e maior presença das mulheres ocupadas, a renda familiar aumentou, sobretudo em relação ao rendimento médio familiar *per capita*.

O comportamento do desemprego também tendeu a se refletir sobre o nível do rendimento das famílias. Observa-se que, a partir de 1990, a trajetória da taxa nacional do desemprego foi crescente, salvo os breves e pontuais períodos de desaceleração da desocupação, como nos anos 1993-1994 e 2001-2002. Depois de 2004, o desemprego voltou a ser decrescente até 2008. Em 2009, o aumento do desemprego esteve associado às manifestações da crise econômica internacional para imediatamente ser reduzido com a recuperação da economia nacional.

Ao se considerar não apenas a taxa nacional do desemprego, mas também a quantidade de trabalhadores desocupados, registram-se ainda situações interessantes a serem destacadas. Nos anos de 1980, por exemplo, o acréscimo anual de novos desempregados no Brasil foi de 134 mil pessoas, enquanto na década de 1990 o aumento foi de 910 mil pessoas desempregadas por ano, em média. Isso porque o país passou de menos de 3 milhões de desempregados em 1991 para 11,2 milhões no ano 2000, ou seja, 3,7 vezes mais. Desde o ano 2001, entretanto, a trajetória do desemprego se apresentou de maneira diferente. Na década de 2000, o número de desempregados decaiu em 35,9%, o que significou a saída média anual de 402 mil trabalhadores da condição do desemprego nacional. Em grande medida, a queda na taxa de desemprego tem que ver com a significativa geração de empregos no período recente. (Ver figura 3.9.)

Figura 3.9 – Brasil: evolução da taxa nacional de desemprego (em %) e do número de desempregados em anos selecionados

Fonte: IBGE/Censos demográficos/PNAD (elaboração do autor)

A presença do desemprego afeta diretamente a evolução do rendimento médio real *per capita* familiar. Na década de 2000, por exemplo, a renda média real *per capita* das famílias com a presença de desempregado aumentou 16,6%, enquanto na década de 1990 havia crescido somente 2,9%.

Além da condição do desemprego, considera-se também o comportamento do rendimento do trabalhador ocupado. A elevação ou a retração da trajetória do poder aquisitivo do trabalhador ocupado se reflete diretamente no orçamento familiar. Nas últimas três décadas, por exemplo, o rendimento médio real dos ocupados apresentou cinco fases de expansão (1980-1981; 1985-1986; 1989; 1993-1996 e 2004-2009) e três de retração (1982-1984; 1987-1992; 1997-2003). Nesse largo período de tempo considerado, o ano de 1986 foi o que registrou o maior poder aquisitivo do rendimento do trabalhador, enquanto o menor ocorreu em 1980. (Ver figura 3.10.)

Figura 3.10 – Brasil: evolução do índice do rendimento médio real dos ocupados

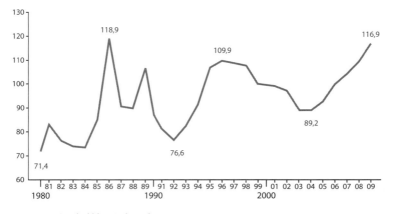

Fonte: IBGE/PNADs ajustadas (elaboração do autor)

Na década de 2000, além do comportamento positivo no emprego e no rendimento médio real do trabalhador, constata-se também a ampliação da renda média das famílias, sobretudo daquelas situadas na base da pirâmide social. Em decorrência do papel ativo das políticas públicas, especialmente dos programas de garantia de renda fortalecidos mais recentemente, o rendimento médio familiar *per capita* no topo da distribuição de renda (entre os 10% mais ricos) cresceu 1,6%, em média, entre 2003 e 2008, enquanto o rendimento médio familiar *per capita* na base da distribuição de renda (entre os 10% mais pobres) cresceu 9,1% por ano.

Ou seja, o rendimento médio entre os pobres foi 5,7 vezes maior que o dos ricos. (Ver figura 3.11.)

Figura 3.11 – Brasil: variação do rendimento médio mensal real familiar *per capita* por decil de 1995 a 2002 e de 2003 a 2008 (em %)

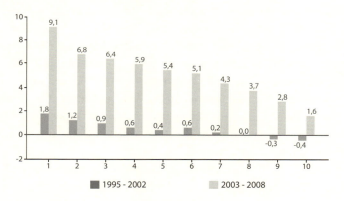

Fonte: IBGE/PNAD (elaboração do autor)

Deve-se ressaltar que isso se deveu fundamentalmente à política de aumento real do salário mínimo, capaz de injetar R$ 1 trilhão na parcela salarial dos trabalhadores ocupados de base somente entre os anos de 2003 a 2010. Também não pairam dúvidas a respeito da importância da política de transferência direta de renda entre os diversos segmentos vulneráveis (idosos, portadores de necessidades especiais, desempregados e pobres) por meio do sistema de Previdência e de Assistência Social. Somente no período de 2002 a 2008, por exemplo, mediante esses programas, a transferência de renda para as famílias de baixa renda foi nominalmente multiplicada por 2,3 vezes, o que significou a passagem de R$ 134,7 bilhões para R$ 305,3 bilhões no mesmo período de tempo.

Na década de 1990, a dinâmica distributiva não foi a mesma. O rendimento médio das famílias pertencentes aos estratos superiores da pirâmide social decrescia em valor real (0,4% ao ano, em média, para os 10% mais ricos) ao passo que para as famílias de rendimento inferiores aumentava num índice abaixo de 2% em média ao ano (1,8% para os 10% mais pobres).

Por fim, também caberia acrescentar o impacto das negociações coletivas de trabalho, uma vez que dizem respeito a uma massa considerável de rendimento do trabalho regida sob a determinação nominal das relações entre empresas e sindicatos. Percebeu-se, em geral, que os sindicatos conseguiram estabelecer para os acordos coletivos de trabalho reajustes de salários acima do índice da inflação, ou seja, incorporaram ao salário ganhos de produtividade para além da inflação passada.

Diante dos efeitos da modernização do padrão de consumo do brasileiro sobre a renda recebida pelas famílias no período de estabilidade monetária, resta ainda considerar o papel do crédito sobre as decisões de consumo, especialmente aquelas que envolvem a compra de bens duráveis (geladeira, televisor, automóvel, entre outros), cujos valores unitários superam, em geral, a renda das famílias, sobretudo as da base da pirâmide social, para quem o crédito tem um valor fundamental.

Por meio do endividamento, as famílias podem antecipar para o momento presente o poder aquisitivo necessário para a aquisição de bens e serviços, o que tornou possível a modernização no padrão de consumo. Entre os anos de 2002 e 2009, por exemplo, as operações de crédito no total do Produto Interno Bruto aumentaram em 86%, passando de 24,2% do PIB, em 2002, para 45%, em 2009. Assim, o volume de recursos de financiamentos destinados às pessoas físicas foi multiplicado em mais de quatro vezes no mesmo período de tempo, enquanto o repasse de recursos à agricultura familiar aumentou de R$ 2,4 bilhões, em 2003, para R$ 10,8 bilhões, em 2009. Também no âmbito das operações de crédito destaca-se o avanço do financiamento voltado para a habitação, que subiu de R$ 25,7 bilhões, em 2004, para R$ 80 bilhões, em 2009.

Em síntese, a somatória dos efeitos sobre a renda das famílias, especialmente aquelas situadas na base da pirâmide social brasileira, por força da elevação na ocupação com a redução do desemprego, do maior ingresso da mulher no mercado de trabalho, da queda do número de membros familiares, da elevação do rendimento médio real e da ampliação do crédito, permitiu a massificação do consumo. Cabe, ainda, considerar os contrafeitos gerados pela tributação, conforme tratado a seguir.

3.2.3. Impacto da tributação sobre a renda das famílias

O Brasil registrou desde a década de 1980 uma significativa trajetória de aumento na carga tributária, por conta especialmente dos impostos indiretos, que são aqueles incorporados no preço final dos bens e serviços. Entre 1980 e 2009, por exemplo, a carga tributária bruta passou de 24,5% do PIB para 34,3%, o que significou uma elevação de 40% na carga tributária em relação ao Produto Interno Bruto brasileiro.

Durante o período de superinflação (1980-1994), o aumento anual da carga tributária foi, em média, de 1,2%, enquanto na fase de estabilidade monetária o crescimento dos impostos, das taxas e das contribuições foi um pouco menor (1,1% ao ano, em média). De toda forma, o crescimento da tributação pouco alterou a composição da arrecadação, mantendo-se fortemente influenciado pela tributação indireta.

Ao somar-se a tributação proveniente da incidência sobre renda, bens e serviços e folha de salários, chega-se a 86,4% de toda a carga tributária do ano de 2009 ante 83,1% em 1980. Ou seja, uma leve elevação na base da atuação dos tributos indiretos. No ano de 2009, por exemplo, 42% da carga tributária provinha da incidência sobre bens e serviços, enquanto em 1980 ela era de 44%. No mesmo período de tempo cresceu a tributação sobre a renda (68,9%) e diminuiu aquela sobre a folha de salários (14,5%). (Ver figura 3.12.)

Tendo em vista a prevalência de uma estrutura tributária assentada fundamentalmente na arrecadação de impostos indiretos ao longo dos anos, cabe indagar a respeito do seu impacto sobre a renda bruta das famílias. Após a incidência de impostos, taxas e contribuições no rendimento bruto das famílias, resta, portanto, ao valor líquido da renda se transformar em consumo de bens e serviços ou em aquisição de ativos financeiros. Por conta disso, interessa considerar o peso da tributação em relação ao nível da renda nos diferentes estratos de rendimentos familiares que compõem a sociedade brasileira. Em conformidade com as pesquisas sobre orçamento familiar realizadas pelo IBGE, torna-se possível estimar o grau de incidência de impostos, taxas e contribuições sobre cada uma das despesas identificadas.

Em 2009, por exemplo, a carga tributária incidente sobre a renda das famílias com rendimento de até 2 salários mínimos foi estimada em 32%; isso significa que a disponibilidade líquida aquisitiva dessas famílias após a

100 O mito da grande classe média

Figura 3.12 – Brasil: evolução da composição da carga tributária bruta em anos selecionados (em %)

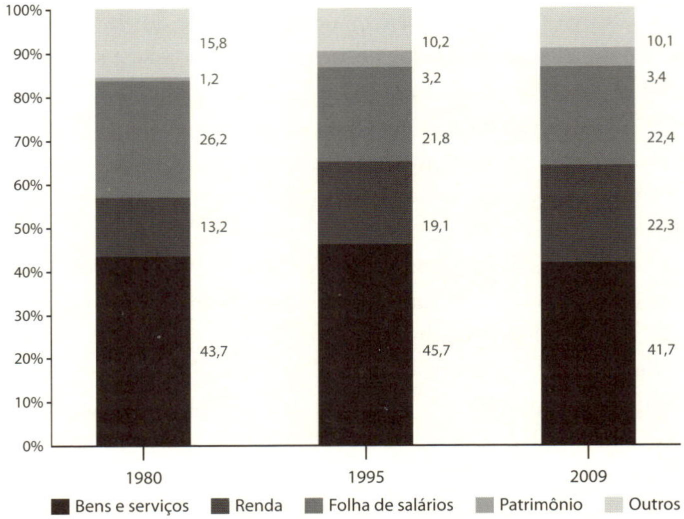

Ano	Bens e serviços	Renda	Folha de salários	Patrimônio	Outros
1980	43,7	13,2	26,2	1,2	15,8
1995	45,7	19,1	21,8	3,2	10,2
2009	41,7	22,3	22,4	3,4	10,1

Fonte: MF/RFB (elaboração do autor)

incidência da carga tributária reduziu-se para 68% de sua renda bruta. Assim, para as famílias com rendimento mensal bruto de 2 salários mínimos, o poder de compra líquido foi rebaixado para 1,4 salário mínimo.

No caso das famílias de maior rendimento, como aquelas que ganham mais de 30 salários mínimos mensais, a carga tributária estimada chegou a 21% em 2009. Assim, para quem recebesse 30 salários mínimos mensais, a renda líquida (após a tributação) reduzia-se para 23,7 salários mínimos, isto é, 79% do valor bruto da renda. (Ver figura 3.13.)

Percebe-se que a carga tributária desacelera à medida que há elevação na renda das famílias. Dessa forma, o grau de desigualdade das cargas tributárias em 2009 foi de 1,52 vez, segundo a comparação entre os extremos da distribuição de renda das famílias (até 2 s.m. e mais de 30 s.m.). Resumidamente, a carga de tributos incidentes sobre a renda das famílias com até 2 salários mínimos mensais foi 52,3% superior à incidente sobre a renda das famílias com mais de 30 salários mínimos.

Figura 3.13 – Brasil: evolução da carga tributária na renda familiar segundo faixas de rendimento em anos selecionados (em %)

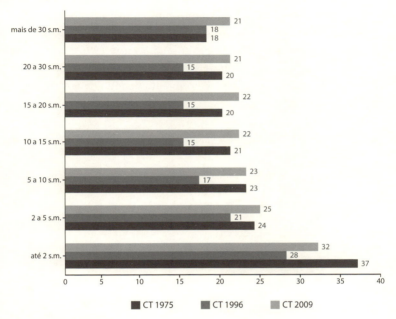

Fonte: IBGE/POF (elaboração do autor)

A desigualdade na aplicação dos tributos, taxas e contribuições sobre a renda das famílias permaneceu relativamente estável na fase de estabilidade monetária. No ano de 1996, por exemplo, o grau de desigualdade na aplicação da carga tributária entre os extremos da distribuição de renda das famílias era de 1,55 vez, ou seja, as famílias de até 2 salários mínimos tinham uma taxação 55,5% maior que as famílias de mais de 30 salários mínimos. Apesar disso, nota-se que o aumento considerável na carga tributária ocorrida no período da estabilização monetária não foi homogêneo entre as famílias. Aquelas de menor rendimento, por exemplo, que já pagavam, proporcionalmente à renda, maior tributação, terminaram fazendo parte das classes familiares de menor elevação dos tributos.

Se em 2009 as famílias de até 2 salários mínimos mensais tinham uma carga tributária de 32% de sua renda, em 1996 essa carga era de 28%.

Ou seja, uma elevação de 14,3%. Já as famílias de mais de 30 salários mínimos mensais, que tinham uma carga tributária estimada em 18% em 1996, passaram para 21% em 2009, o que representou uma elevação de 16,7%.

O segmento intermediário dos estratos de rendimento das famílias é o que registrou a maior elevação da carga tributária entre 1996 e 2009. Foram os casos das famílias com renda entre 10 e 20 salários mínimos mensais, que tiveram uma elevação de quase 47% no mesmo período de tempo na carga tributária. (Ver figura 3.14.)

Figura 3.14 – Brasil: variação na carga tributária por faixas de renda das famílias em anos selecionados (em %)

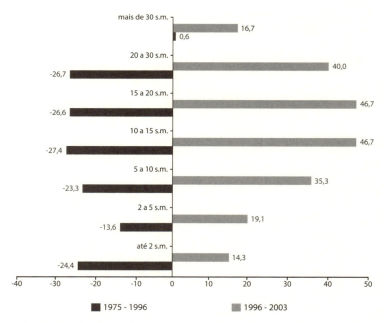

Fonte: IBGE/ENDEF/POFs (elaboração do autor)

Se a comparação for com o período de superinflação, nota-se que a trajetória da carga tributária apontou para a uma contenção nos rendimentos das famílias. Em 1996, por exemplo, as famílias com rendimento de até 2 salários mínimos mensais comprometiam cerca de 28% de sua renda familiar com tributação, enquanto em 1975 essa fatia estava levemente acima de 37%, o que significou uma redução de 24,4% na carga tributária. No estrato de renda familiar de 10 a 15 salários mínimos mensais, a queda na carga tributária foi ainda maior, atingindo 27,4%. Por outro lado, no caso das famílias com rendimento acima de 30 salários mínimos mensais, registrou-se um aumento na carga tributária de 0,6% entre os anos de 1975 e 1996.

Resumidamente, constata-se que a dimensão tributária interfere na definição da renda líquida das famílias para o consumo. Dependendo do aumento da carga tributária, pode haver queda nessa renda líquida das famílias, ao menos que o aumento da renda bruta seja superior à elevação da carga tributária, anulando-se, assim, a alteração na renda líquida.

De toda forma, a variação na carga tributária interfere no comportamento da renda das famílias em relação ao padrão de consumo. Conforme foi possível observar, as famílias de menor renda suportam proporcionalmente uma maior carga tributária no Brasil, o que impõe efeitos regressivos sobre o padrão de consumo.

Diante do sistema tributário nacional, caracterizado que é por sua regressividade, o nível de consumo das famílias se mantém pressionado pela evolução não da renda bruta, mas cada vez mais do poder aquisitivo registrado após a incidência da carga tributária. Assim, as alterações no padrão de consumo das famílias dependem, em parte, da influência da tributação brasileira.

3.2.4. Alteração na composição do padrão de consumo por nível de renda

A modificação nos preços relativos combinada com diversos de seus efeitos sobre o nível de renda tem afetado substancialmente o padrão de consumo das famílias. Na década de 1970, por exemplo, o padrão de consumo concentrava-se fundamentalmente nas despesas com alimentação e habitação, pois juntas elas representavam cerca de dois terços do orçamento das famílias brasileiras. Mais de três décadas depois, a somatória média das duas mesmas despesas passa a pesar pouco mais de dois quintos no orçamento das famílias. Assim, observa-se como, ao longo do tempo, as despesas associadas aos bens industrializados, como alimentação, vestuário e artigos de residência, perderam importância relativa, ao contrário do que aconteceu com o setor de serviços, tais como habitação, transporte e saúde, que registrou crescimento de importância. (Ver figura 3.15.)

Figura 3.15 – Brasil: evolução dos principais componentes de despesas do orçamento das famílias brasileiras em anos selecionados (em %)

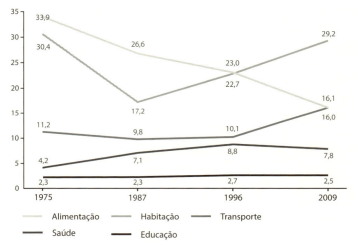

Fonte: FIBGE/ENDEF/POFs (elaboração do autor)

Ao se tomar por referência as pesquisas de orçamento familiar realizadas pelo IBGE nos últimos 30 anos, pode-se constatar a importância dos movimentos de queda e aumento nas participações relativas no interior da distribuição dos gastos com consumo. Isso ajuda a entender as principais mudanças no padrão de consumo das famílias brasileiras, principalmente no que concerne à redução relativa das despesas com bens industriais, acompanhada pela elevação dos gastos com serviços.

Entre os anos de 1987 e 1996 registra-se, por exemplo, uma queda no peso relativo da alimentação (13,5%), dos artigos de residência (11,6%), de vestuário (47,0%), de despesas diversas (6,3%) e pessoais (12,3%). De maneira geral, os gastos que apresentam queda no valor real foram os bens industrializados. Em contrapartida, pode-se observar também um conjunto de despesas que aumentou sua participação relativa na composição das despesas familiares, como as de habitação (61,2%), saúde e cuidados pessoais (23,9%), transporte (3,1%) e educação (17,4%). Aqui, em síntese, pode-se destacar o maior peso dos serviços nas despesas familiares. (Ver figura 3.16.)

Figura 3.16 – Brasil: distribuição dos gastos com consumo em relação ao total das despesas correntes monetárias e não monetárias médias mensais das famílias

Itens	Despesas das famílias em %			Variação em %	
	1987	1996	2009	1987-1996	1996-2009
Despesas de consumo	81,9	80,4	81,3	-1,8	1,1
1. Alimentação	26,6	22,9	16,1	-13,5	-29,7
2. Habitação	10,3	16,6	25,1	61,2	51,2
2.1. Aluguel	3,5	5,4	12,8	54,3	137,0
2.2. Artigos de limpeza	0,9	0,8	0,6	-11,1	-25,0
3. Artigos de residência	6,9	6,1	4,1	-11,6	-32,8
3.1. Mobiliários e artigos do lar	2,9	2,1	1,8	-27,6	-14,3
3.2. Eletrodomésticos, som, TV	2,7	3,5	2,1	29,6	-40,0
3.3. Conserto e manutenção	1,3	0,5	0,2	-61,5	-60,0
4. Vestuário	10,0	5,3	4,5	-47,0	-15,1
5. Transporte	9,8	10,1	16,0	3,1	58,4
5.1. Urbano	3,7	5,5	2,2	48,6	-60,0
5.2. Veículo próprio	4,5	3,3	11,1	-26,7	236,4
6. Saúde e cuidados pessoais	7,1	8,8	7,8	23,9	-11,4
6.1. Higiene e cuidados pessoais	1,7	1,7	1,9	0,0	11,8
6.2. Assistência à saúde	5,4	7,1	5,9	31,5	-16,9
6.2.1. Remédios	2,4	2,8	2,8	16,7	0,0
7. Despesas pessoais	5,7	5,0	2,8	-12,3	-44,0
7.1. Recreação e cultura	2,7	2,2	1,6	-18,5	-27,3
7.2. Serviços pessoais	1,2	1,2	0,9	0,0	-25,0
8. Educação	2,3	2,7	2,5	17,4	-7,4
8.1. Cursos	1,3	2,0	2,8	53,8	40,0
9. Despesas diversas	3,2	3,0	2,4	-6,3	-20,0
10. Outras despesas correntes	7,2	6,6	10,9	-8,3	65,2

Fonte: FIBGE/POF (elaboração do autor)

No caso do período que compreende os anos de 1996 e 2009, o conjunto de mudanças no padrão de consumo mostrou-se ainda mais significativo, isso porque, inicialmente, houve uma elevação das despesas de consumo em relação ao orçamento das famílias, seguida por uma continuidade na redução relativa dos gastos com bens industrializados. Destacam-se, no conjunto de diminuições dos pesos relativos no orçamento das famílias, os artigos de residência (32,8%), a alimentação (30%) e o vestuário (15,1%). Além disso, percebe-se também a queda em determinados tipos de serviços relativos às despesas pessoais (44%), de saúde e cuidados pessoais (11,4%) e de educação (7,4%).

No mesmo período de tempo, as despesas com transporte (58,4%) e habitação (51,2%) foram as que mais aumentaram em relação ao orçamento familiar. Somente esses dois itens de despesa consumiram 41,1% do orçamento das famílias em 2009, ante 26,7% em 1996 e 20,1% em 1987.

A diminuição na participação relativa de alguns itens de serviços no orçamento das famílias brasileiras é resultado não apenas da alteração no padrão de consumo dos bens duráveis, mas também da maior importância dada aos serviços de comunicação e informação. De certa forma, o padrão anterior de sociabilidade associado aos espaços públicos, como teatros, cinemas, entre outros, se modificou rapidamente com o deslocamento das preferências para os bens culturais suportados pelas tecnologias de informação e comunicação. (Ver figura 3.17.)

Assim, a internet, difundida por meio de diferentes equipamentos eletrônicos (computador pessoal, telefone celular, *tablet*, entre outros), favorece cada vez mais o uso privado dos tradicionais bens culturais como livro, cinema e música[57]. Nesses termos, surge um novo padrão de sociabilidade virtual que independe do local para o acesso aos bens culturais.

Não obstante o crescimento no consumo total das famílias (57%) entre os anos de 1995 e 2009, caíram as vendas de livros no setor privado (44%) e de músicas gravadas (87%). No entanto, somente a aquisição de ingressos em salas de cinemas cresceu 6% no mesmo período, e isso após longos anos com vendas abaixo das do ano de 1995. Além da queda nos gastos com importante parte das opções de entretenimento em espaços públicos, também

---

[57] Ver: F. Earp e L. Paulani, *Mudanças no consumo de bens culturais no Brasil após a estabilização da moeda* (Rio de Janeiro, IE/Editora UFRJ, 2011, Série Textos para Discussão), n. 1.

Figura 3.17 – Brasil: evolução do índice de consumo total das famílias e dos bens culturais (1995 = 100)

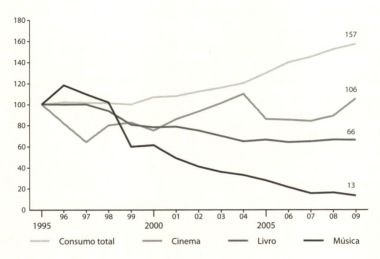

Fonte: F. Earp e L. Paulani, *Mudanças no consumo de bens culturais no Brasil após a estabilização da moeda*, cit., n.1, p. 13

perderam importância relativa as despesas com áreas de significativa precariedade estrutural no Brasil, como saúde e educação. As despesas aumentaram relativamente nos serviços com moradia e transporte.

Essa abordagem a respeito das modificações no padrão de consumo pela visão média das famílias pode ocultar alguns movimentos também importantes em relação à evolução das despesas segundo os diferentes estratos de renda dos consumidores. Para dar conta disso, procurou-se considerar a seguir alguns grupos de despesas segundo a perspectiva dos diferentes estratos de renda das famílias, especialmente no que concerne às possíveis alterações no padrão de consumo entre os extremos da estrutura de distribuição de renda.

Em relação ao item alimentação, observa-se, por exemplo, que as famílias de menor rendimento (até 2 salários mínimos mensais) foram as que menos reduziram o peso relativo no orçamento durante a fase atual de estabilização monetária (15,2%), ao passo que no período de alta inflação foram o segundo estrato de renda com a maior queda (18,4%). Ainda na fase de alta inflação, observa-se que as famílias com renda mensal acima de 15 salários mínimos tinham passado por uma elevação no peso do item alimentação no total de seus orçamentos. Em grande medida, isso foi reflexo da elevação dos preços da alimentação fora do domicílio.

Atualmente, as famílias com renda de até 2 salários mínimos comprometem seus rendimentos com alimentação 3,2 vezes mais que as famílias com rendimento acima de 15 salários mínimos. Em 1996, essa diferença era de 2,6 vezes, o que significa que na estabilidade monetária a desigualdade entre diferentes estratos de renda familiar aumentou nos gastos relativos à alimentação no Brasil. (Ver figura 3.18.)

Figura 3.18 – Brasil: distribuição dos gastos com alimentação por classe de rendimento em relação ao total das despesas correntes monetárias e não monetárias médias mensais das famílias

Itens	Despesas das famílias em %			Variação em %	
	1987	1996	2009	1987-1996	1996-2009
Até 2 s.m.	40,2	32,8	27,8	-18,4	-15,2
De 2 a 3 s.m.	38,0	33,4	24,8	-12,1	-25,7
De 3 a 6 s.m.	32,1	29,1	20,9	-9,3	-28,2
De 6 a 10 s.m.	27,1	24,2	16,7	-10,7	-31,0
De 10 a 15 s.m.	23,4	18,9	13,7	-19,2	-27,5
De 15 a 25 s.m.	16,1	16,2	11,7	0,6	-27,8
Mais de 25 s.m.	12,1	12,4	8,5	2,5	-31,5
Média geral	26,6	22,9	16,1	-13,9	-29,7

Fonte: FIBGE/POF (elaboração do autor)

Ao contrário da alimentação, o item habitação apresentou aumento considerável em sua participação relativa no orçamento das famílias nas últimas três décadas. Enquanto na fase de alta inflação os aumentos ocorreram nas famílias de maior renda, o período de estabilização monetária foi acompanhado de forte elevação nos gastos relativos com habitação entre os segmentos de renda inferior a 6 salários mínimos mensais.

A ampliação do orçamento comprometido com habitação deveu-se à elevação dos preços dos aluguéis, especialmente na fase de alta inflação. No período recente de estabilidade monetária, em que a população de menor renda foi a mais atingida pela elevação dos gastos com habitação, as razões para isso concentram-se mais no crescimento de despesas com serviços públicos vinculados a telefone, saneamento, energia elétrica, entre outros. (Ver figura 3.19.)

Com isso, a dispersão dos gastos entre as famílias aumentou desfavoravelmente para aquelas de menor rendimento. No ano de 2009, por exemplo, a diferença de gastos relativos com habitação entre as famílias com rendimento mensal de até 2 salários mínimos e aquelas com rendimento acima de 25 salários mínimos era de 1,6 vez, enquanto em 1996 foi de 1,3 vez.

Figura 3.19 – Brasil: distribuição dos gastos com habitação por classe de rendimento em relação ao total das despesas correntes monetárias e não monetárias médias mensais das famílias

Itens	Despesas das famílias em %			Variação em %	
	1987	1996	2009	1987-1996	1996-2009
Até 2 s.m.	13,5	18,6	31,2	37,8	67,7
De 2 a 3 s.m.	12,3	17,1	31,1	39,0	81,9
De 3 a 6 s.m.	11,1	16,9	28,4	52,3	68,0
De 6 a 10 s.m.	10,5	16,7	25,9	59,0	55,1
De 10 a 15 s.m.	9,8	16,8	24,0	71,4	42,9
De 15 a 25 s.m.	8,4	16,1	21,7	91,7	34,8
Mais de 25 s.m.	8,1	14,5	19,9	79,0	37,2
Média geral	10,3	16,6	25,1	61,2	51,2

Fonte: FIBGE/POF (elaboração do autor)

No caso dos artigos de residência, também se comprova um aumento na desigualdade entre os extremos da distribuição de renda nas famílias. Entre 1996 e 2009, por exemplo, a dispersão dos gastos relativos com artigos de residência aumentou de 1,8 para 2,1 vezes entre as famílias com remuneração de até 2 salários mínimos e as de mais de 25 salários mínimos. Isso porque as despesas com aquisição de eletroeletrônicos reduziram-se de forma generalizada, ainda que em menor escala para as diferentes classes de renda. Para as famílias com renda de até 3 salários mínimos, por exemplo, os gastos relativos com artigos de residência decresceram menos que os das famílias de maior renda.

Talvez, a incorporação dos bens eletroeletrônicos e a maior aquisição de artigos de residência para as famílias de baixa renda possam explicar também porque esse item havia aumentado entre os anos de 1987 e 1996. Na fase de estabilidade monetária, caiu o seu peso relativo nas despesas totais, ainda que em menor ritmo. (Ver figura 3.20.)

Figura 3.20 – Brasil: distribuição dos gastos com artigos de residência por classe de rendimento em relação ao total das despesas correntes monetárias e não monetárias médias mensais das famílias

Itens	Despesas das famílias em %			Variação em %	
	1987	1996	2009	1987-1996	1996-2009
Até 2 s.m.	6,3	7,1	6,0	12,7	-15,5
De 2 a 3 s.m.	7,2	6,6	5,4	-8,3	-18,2
De 3 a 6 s.m.	7,6	7,4	4,9	-2,6	-33,8
De 6 a 10 s.m.	6,7	6,1	4,3	-9,0	-29,5
De 10 a 15 s.m.	7,3	5,9	3,6	-19,2	-39,0
De 15 a 25 s.m.	6,5	4,9	3,4	-24,6	-30,6
Mais de 25 s.m.	6,4	4,0	2,9	-37,5	-27,5
Média geral	6,9	6,1	4,1	-11,6	-32,8

Fonte: FIBGE/POF (elaboração do autor)

Já nas despesas com vestuário, houve um aumento somente para as famílias com renda de até 2 salários mínimos (1,9%), ao contrário do que aconteceu com os demais estratos de rendimento, que registraram reduções importantes, como a apresentada pela faixa de 10 a 15 salários mínimos (26,3%). Em geral, o aumento na renda familiar foi acompanhado pela redução relativa dos gastos com vestuário, o que pode ser comprovado pela evolução comparativa no interior do custo de vida da população, sobretudo durante a fase de altas taxas de inflação. Como essa tendência não se mostrou perfeita na fase de estabilidade monetária, o grau de desigualdade cresceu. Em 2009, a diferença entre os gastos relativos das famílias com até 2 salários mínimos era 1,7 vez maior que a daquelas com renda de mais de 25 salários mínimos, ao passo que em 1996 a diferença foi de 1,4 vez. (Ver figura 3.21.)

Figura 3.21 – Brasil: distribuição dos gastos com vestuário por classe de rendimento em relação ao total das despesas correntes monetárias e não monetárias médias mensais das famílias

Itens	Despesas das famílias em %			Variação em %	
	1987	1996	2009	1987-1996	1996-2009
Até 2 s.m.	7,8	5,3	5,4	-32,1	1,9
De 2 a 3 s.m.	9,6	5,5	5,2	-42,7	-5,5
De 3 a 6 s.m.	10,3	5,8	5,3	-43,7	-8,6
De 6 a 10 s.m.	11,2	5,7	5,0	-49,1	-12,3
De 10 a 15 s.m.	11,4	5,7	4,2	-50,0	-26,3
De 15 a 25 s.m.	9,7	4,6	4,0	-52,6	-13,0
Mais de 25 s.m.	8,3	3,9	3,2	-53,0	-17,9
Média geral	10,0	5,3	4,5	-47,0	-15,1

Fonte: FIBGE/POF (elaboração do autor)

Os gastos relativos a saúde e cuidados pessoais decresceram mais nas famílias de até 2 salários mínimos de renda mensal (27,8%) durante a fase de estabilidade monetária. Nas famílias com mais de 25 salários mínimos mensais, a queda nos gastos com saúde e cuidados pessoais diminuiu 4,3% no mesmo período de tempo, o que pode indicar a pressão dos preços de assistência médica, muitas vezes associada à elevação dos preços dos convênios médicos.

Na fase de alta inflação, os gastos com saúde e cuidados pessoais tinham aumentado surpreendentemente mais para as famílias de renda menor. Em função disso, nota-se que ao se comparar a desigualdade de gastos relativos com o item saúde entre os anos de 1996 e 2008 houve um decréscimo no grau de desigualdade, pois este passou de 1,7 vez para 1,3 vez. (Ver figura 3.22.)

Por fim, em relação às despesas com educação, registra-se que o período de estabilidade monetária terminou por interromper o padrão esperado de simultaneidade na ampliação da renda e dos gastos relativos. Todavia, isso não ocorreu no Brasil. Na fase de alta inflação, somente as famílias com renda acima de 10 salários mínimos elevaram os gastos relativos a educação. Nos estratos inferiores de rendimento familiar, houve uma queda nas despesas com educação, salvo a estagnação das despesas que ocorreu nas famílias de até 2 salários mínimos mensais. (Ver figura 3.23.)

Figura 3.22 – Brasil: distribuição dos gastos com saúde e cuidados pessoais por classes de rendimento em relação ao total das despesas correntes monetárias e não monetárias médias mensais das famílias

Itens	Despesas das famílias em %			Variação em %	
	1987	1996	2009	1987-1996	1996-2009
Até 2 s.m.	7,1	11,5	8,3	62,0	-27,8
De 2 a 3 s.m.	8,0	9,2	8,7	15,0	-5,4
De 3 a 6 s.m.	6,8	8,7	8,7	27,9	0,0
De 6 a 10 s.m.	7,1	8,6	8,0	21,1	-7,0
De 10 a 15 s.m.	7,2	8,4	7,5	16,7	-10,7
De 15 a 25 s.m.	7,2	8,5	7,6	18,1	-10,6
Mais de 25 s.m.	6,4	6,9	6,6	7,8	-4,3
Média geral	7,1	8,8	7,8	23,9	-11,4

Fonte: FIBGE/POF (elaboração do autor)

No período de estabilidade monetária, os gastos com educação caíram para todos os estratos de renda familiar, salvo para o segmento de 6 a 10 salários mínimos. Esse diferencial se deve ao peso que os cursos privados tiveram nos distintos estratos de renda. Em função disso, percebe-se o grau de

Figura 3.23 – Brasil: distribuição dos gastos com educação por classes de rendimento em relação ao total das despesas correntes monetárias e não monetárias médias mensais das famílias

Itens	Despesas das famílias em %			Variação	
	1987	1996	2009	1987-1996	1996-2009
Até 2 s.m.	1,4	1,4	0,9	0,0	-35,7
De 2 a 3 s.m.	1,7	1,5	1,2	-11,8	-20,0
De 3 a 6 s.m.	7,9	2,0	1,6	-74,7	-20,0
De 6 a 10 s.m.	2,3	2,2	2,4	-4,3	9,1
De 10 a 15 s.m.	2,5	3,2	3,0	28,0	-6,2
De 15 a 25 s.m.	3,1	4,4	4,0	41,9	-9,1
Mais de 25 s.m.	3,0	4,1	2,9	36,7	-29,3
Média geral	2,3	2,7	2,5	17,4	-7,4

Fonte: FIBGE/POF (elaboração do autor)

desigualdade nas despesas relacionadas à educação entre as famílias de maior e de menor renda. Em 2009, por exemplo, as famílias com uma renda mensal acima de 25 salários mínimos comprometiam 3,2 vezes mais do orçamento com educação que as famílias com renda de até 2 salários mínimos, ante um valor de 2,9 vezes em 1996.

Considerações finais

Uma conjunção de fatores contribuiu para que na virada do século XX houvesse uma mudança significativa no padrão de consumo da população brasileira. O ciclo de modernização no padrão de consumo contemplou a incorporação de parcelas significativas da população situada na base da pirâmide social.

Por um lado, a reconfiguração da produção de bens duráveis, conformada nas grandes corporações transnacionais por meio das cadeias globais de produção, permitiu difundir o consumo de baixo custo. Assim, o conceito de sociedade *low cost* ganhou notoriedade, especialmente com o deslocamento da produção manufatureira para os países asiáticos, sobretudo a China.

Por outro lado, as decisões tomadas internamente levaram a alterações importantes no comportamento dos preços relativos. Dessa forma, mesmo que não houvesse elevação no nível de renda da população empobrecida, haveria indução a um maior consumo de bens industrializados, como os do âmbito da alimentação, do vestuário e dos artigos de residência, sobretudo dos eletroeletrônicos.

Ao mesmo tempo, a elevação do nível de renda de toda a população, especialmente daquela situada na base da pirâmide social, permitiu ampliar o consumo, incorporando bens e serviços até então reservados ao consumo das famílias de maior rendimento. Nesse caso, a contribuição positiva sobre o nível de rendimento das famílias dependeu da redução do número de membros das famílias (o que ocasionou a elevação imediata da renda familiar *per capita*), do aumento da presença da mulher no mercado de trabalho (contribuindo para um rendimento adicional no orçamento familiar), da diminuição do desemprego com a elevação do emprego, do aumento do poder de compra do salário mínimo, da ampliação dos programas de garantia de renda e da difusão do crédito ao consumo. Tudo isso implicou uma mudança inegável na composição do padrão de consumo das famílias brasileiras. De forma tardia, o país incorporou uma parcela considerável da classe trabalhadora que ainda se mantinha à margem do acesso ao consumo dos bens duráveis.

4. TRAJETÓRIAS DISTRIBUTIVAS NO BRASIL

Após a convergência das análises a respeito do movimento geral de transformação do capitalismo e de suas implicações para a estrutura de classe, especialmente no caso da classe média, buscou-se considerar o que estaria ocorrendo na sociedade brasileira neste início do século XXI. As modificações conformadas na base da pirâmide social do país revelaram o impacto principal do projeto social-desenvolvimentista de estímulos variados à inclusão pela ampliação do emprego e da renda, cujo resultado mais evidente pode ser constatado pela ampliação do consumo popular.

Segundo observado na experiência histórica das economias de capitalismo avançado no segundo pós-guerra, a elevação do emprego e da renda dos trabalhadores converteu-se direta e indiretamente na conformação do capitalismo de consumo de massa. A difusão do acesso ao consumo de bens de maior valor unitário como automóvel e moradia não se apresentou suficiente para evidenciar uma mudança de classe social nos países ricos, mas significou apenas o atendimento de uma das principais demandas pertencente à agenda dos trabalhadores.

Ademais, procurou-se também ressaltar a importância verificada para a difusão do consumo de bens manufaturados, inclusive daqueles de maior valor unitário, da alteração nos preços relativos no Brasil. Assim, a modernização no padrão de consumo dos brasileiros no período recente foi acompanhada pela queda dos preços relativos de bens manufaturados, em parte constitutiva do rearranjo gerado pelo capitalismo global, que está cada vez mais organizado em torno de cadeias produtivas globais estabelecidas por grandes corporações transnacionais.

A crescente localização da manufatura na Ásia, especialmente na China, resultou em custos menores de produção dos bens industriais para o mundo. Dessa forma, o acesso ao consumo de bens industriais por parte de novos segmentos sociais, fundamentalmente aqueles de menor rendimento, tornou-se uma das marcas recentes da transformação do capitalismo monopolista transnacional.

Para além disso, constata-se que, mais recentemente, o Brasil passou a combinar o retorno ao crescimento econômico com a volta da mobilidade social, sobretudo na base da pirâmide social. Por conta disso, o presente capítulo volta-se para a análise dos efeitos da mobilidade social promovidos pelos movimentos de ocupação e de rendimentos, conforme apresentado a seguir.

4.1. Sentido geral da mobilidade social

A primeira década do século XXI foi acompanhada pelo deslocamento de uma parcela importante da curva de distribuição do rendimento no Brasil. Pelas razões já adiantadas anteriormente, seja pelo perfil das ocupações geradas, seja pelo enfoque das políticas de garantia de renda adotadas, a parcela constitutiva dos 40% mais pobres do conjunto da população brasileira terminou sendo receptora do maior impacto decorrente do movimento de ascensão social no período recente. Isso parece inegável, sobretudo quando se compara a evolução das linhas de distribuição pessoal do rendimento dos ocupados com renda entre os anos de 2001 e de 2011. Nota-se que a principal mudança na curva da distribuição ocorreu justamente na faixa que compreende os 6% aos 38% da população mais pobre do país.

Essa alteração significativa na base da pirâmide social brasileira decorreu fundamentalmente da geração de postos de trabalho concentrados na faixa de até 1,5 salário mínimo mensal. Embora o nível de ocupação tenha se expandido em todos os setores da atividade econômica, destaca-se especialmente o de serviços.

Tendo em vista que o valor do piso nacional de remuneração foi objeto de forte elevação real em seu poder aquisitivo no período recente, os efeitos positivos disso agiram não somente entre os ocupados, mas também entre os inativos beneficiados pelas políticas de garantia de renda. Isso porque o valor do salário mínimo serve de indexador também para o piso da previdência e da assistência social, do seguro-desemprego, entre outros. (Ver figura 4.1.)

Figura 4.1 – Brasil: distribuição acumulada do rendimento pessoal dos ocupados com renda entre 2001 e 2011 (total = 100%)*

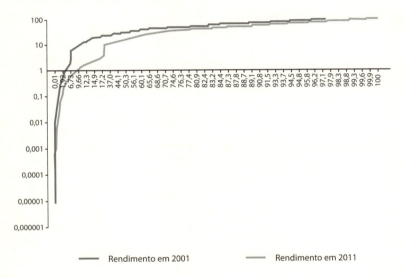

Fonte: IBGE/PNADs (elaboração do autor)
* Escala de logaritmo

Em termos de distribuição do rendimento monetário auferido pela população brasileira, registra-se que, em 2011, a faixa de remuneração situada entre R$ 150 e R$ 600 mensais foi a que mais se distanciou da curva de distribuição do ano de 2001. Também se destaca que a ampliação na quantidade e no valor real dos benefícios pagos pelos programas de transferência de renda foi determinante para o deslocamento da curva de distribuição da população com menor rendimento entre 2001 e 2011.

Em função disso, percebe-se que o sentido geral da recente mobilidade social impactou todos os brasileiros, especialmente o segmento específico de menor rendimento. Assim, o deslocamento da curva de distribuição do rendimento, que ficou próximo do valor mediano no conjunto da população com renda entre 2001 e 2011, comprovou o movimento focado nas ocupações com rendimento entre R$ 150 e R$ 600 mensais, representando a massa de pessoas pertencentes à faixa de 6% a 38% mais pobres do conjunto dos trabalhadores. (Ver figura 4.2.)

Figura 4.2 – Brasil: distribuição dos rendimentos da população entre 2001 e 2011 (reais de 2011)*

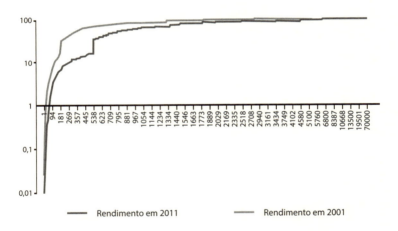

Fonte: IBGE/PNADs (elaboração do autor)
* Escala de logaritmo

4.2. Transformações na estrutura ocupacional

Uma vez identificado o deslocamento na curva de distribuição de renda ocorrido fundamentalmente para a parcela mais pobre dos brasileiros, cabe analisar, de início, o comportamento das ocupações. Após uma longa fase temporal de congelamento na estrutura das ocupações do país, observa-se na década de 2000 uma importante alteração.

Trajetórias distributivas no Brasil 119

Nas duas últimas décadas do século XX, quase 60% dos ocupados recebiam remunerações concentradas no primeiro quintil da distribuição de renda da população, ou seja, no grupo dos 20% mais pobres dos brasileiros. Nos anos 2000, a situação se alterou, tendo havido uma redução para pouco mais de 50% dos ocupados concentrados entre os 20% mais pobres da população. Com isso, registra-se uma queda de 12,5% no peso relativo dos ocupados no primeiro quintil da distribuição de renda em 2011 em relação àquele observado no ano de 2001. Nos demais quintis da distribuição de renda dos ocupados, foi registrado um crescimento da participação relativa nos anos 2000. A maior expansão aconteceu no quarto quintil da distribuição, com aumento de 30,2%, decorrente da passagem de 5,3% dos ocupados no ano de 2001 para 6,9% em 2011. (Ver figura 4.3.)

Figura 4.3 – Brasil: evolução da distribuição por quintil de renda dos ocupados com rendimento em anos selecionados (total = 100%)

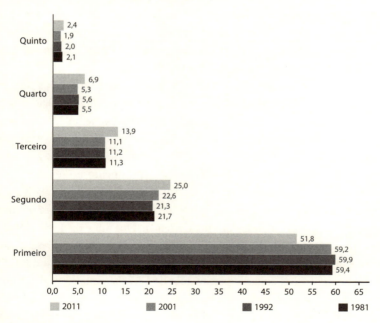

Fonte: IBGE/PNADs (elaboração do autor)

Quando se analisa a evolução da distribuição dos ocupados por quintil de rendimento, constata-se que o setor econômico secundário, constituído pela indústria e pela construção civil, foi o que mais sofreu alteração na estrutura do emprego de mão de obra no período recente. Após ter apresentado certa estabilidade na estrutura de distribuição dos rendimentos dos ocupados entre os anos de 1981 e 2001, houve, na primeira década de 2000, uma queda no peso relativo da repartição dos ocupados agrupados no primeiro quintil de renda. Com isso, a quantidade dos ocupados entre os 20% mais pobres, que representava 52,3% do conjunto dos trabalhadores brasileiros em 1981, decaiu para 45,2% em 2011. Ou seja, houve uma redução de 13,6% em 30 anos.

Se considerados os dois primeiros quintis da distribuição (os 40% mais pobres dos ocupados), percebe-se uma redução menor (6,5%) na comparação entre os dois anos. Em 2011, por exemplo, 71% do total dos ocupados situavam-se entre os 40% mais pobres dos brasileiros, enquanto em 2001 eles representavam 77,5% do total.

O quarto quintil da distribuição de renda dos ocupados foi o que apresentou a maior alta relativa no setor secundário da economia. Entre 2001 e 2011, a parcela dos ocupados situada nesse mesmo quintil de renda subiu de 6,5% para 9,3%, o que equivaleu a 43,1% de aumento.

Na sequência, o quinto quintil ampliou em 39,2% sua participação relativa no total dos ocupados. Mas esse quintil, que representa os 20% mais ricos da população ocupada, respondeu, em 2011, por somente 3,2% do total dos ocupados com rendimento, sua maior participação relativa verificada desde 1981. (Ver figura 4.4.)

Em relação à estrutura de distribuição do rendimento no setor terciário da economia brasileira, também se assistiu à redução do peso relativo dos ocupados pertencentes ao grupo dos 20% de menor rendimento simultaneamente à elevação dos demais quintis de renda. Nos anos de 1981, 1992 e 2001, os ocupados agrupados no primeiro quintil de renda representavam cerca de 60% do total do setor terciário. Em 2011, porém, o peso dos 20% mais pobres entre os ocupados passou a ser de 52,7%, o que equivaleu a uma queda de 12,3% em relação ao ano de 2001. No sentido inverso, registra-se uma ampliação relativa do contingente de ocupados do setor terciário nos demais quintis da distribuição de renda.

Figura 4.4 – Brasil: evolução da distribuição por quintil de renda dos ocupados com rendimento no setor secundário da economia em anos selecionados (total = 100%)

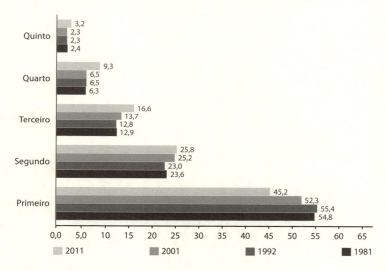

Fonte: IBGE/PNADs (elaboração do autor)

No segundo quintil, o aumento relativo no período entre 2001 e 2011 foi de 15,7%, enquanto no terceiro quintil o aumento foi de 21,9%, no quarto de 24,1% e no quinto de 20%. Ou seja, a maior ampliação de ocupados ocorreu no quarto quintil da repartição de renda, passando de 5,4% do total dos ocupados, em 2001, para 6,7%, em 2011, o que representa o maior peso relativo no setor terciário verificado desde 1981. (Ver figura 4.5.)

Além da evolução na composição dos ocupados segundo a distribuição de renda pessoal, a seguir se considera também a dinâmica do emprego de mão de obra em conformidade com o nível de escolaridade. Antecipa-se, contudo, que o mesmo sentido do deslocamento da ocupação na distribuição pessoal dos rendimentos também foi constatado em relação aos trabalhadores com menor escolaridade. É o caso, por exemplo, dos ocupados com ensino fundamental, que registraram, entre 1981 e 2001, um leve aumento de 2,5% na concentração dos trabalhadores justamente do menor quintil de rendimento. Na primeira década do século XXI, entretanto, o peso relativo dos

122   O mito da grande classe média

Figura 4.5 – Brasil: evolução da distribuição por quintil de renda dos ocupados com rendimento no setor terciário da economia em anos selecionados (total = 100%)

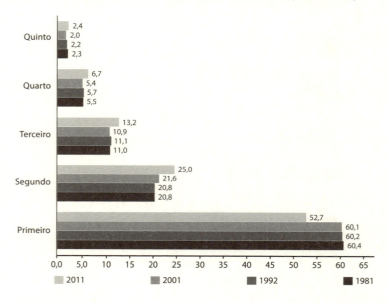

Fonte: IBGE/PNADs (elaboração do autor)

ocupados com formação até o ensino fundamental e localizados no primeiro quintil de renda caiu 10,5%.

O quintil de maior renda apresentou movimento distinto, com uma queda na participação relativa dos ocupados com menor escolaridade. Entre 1992 e 2001, os ocupados do grupo pertencente aos 20% de maior rendimento reduziram o seu peso relativo em 4,1%. No período subsequente, entre 2001 e 2011, a queda ocorreu com maior vigor (4,3%).

No segundo, terceiro e quarto quintis da repartição dos rendimentos pessoais dos ocupados houve aumentos em suas participações relativas na primeira década do século XXI. A elevação maior ocorreu no terceiro quintil (13,7%), seguida pelo segundo (12,7%) e pelo quarto (8,2%) quintis. (Ver figura 4.6.)

Em relação aos ocupados com nível de escolaridade equivalente ao ensino médio, parece não ter havido mudanças substantivas. Isso se deu, inicialmente,

Figura 4.6 – Brasil: evolução da distribuição por quintil de renda dos ocupados com rendimento e ensino fundamental em anos selecionados (total = 100%)

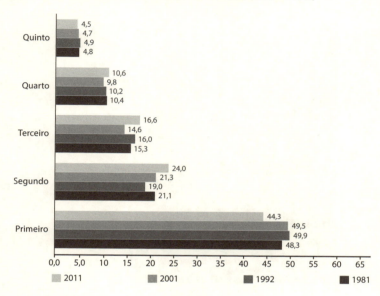

Fonte: IBGE/PNADs (elaboração do autor)

pelo fato de as ocupações do primeiro quintil terem se mantido relativamente estáveis em relação à distribuição dos postos de trabalho no interior da distribuição pessoal de renda.

Entre 2001 e 2011, o peso relativo dos ocupados com escolaridade equivalente ao ensino médio entre os 20% mais pobres da população permaneceu estável, diferentemente do que ocorreu com os demais quintis de renda. Para o mesmo período de tempo, o segundo quintil aumentou a participação relativa dos ocupados em 5%, enquanto decresceu a participação relativa do terceiro (0,6%), do quarto (4,8%) e do quinto (14,9%) quintis de renda dos ocupados com nível médio de escolaridade. (Ver figura 4.7.)

A relativa estabilidade na composição do conjunto dos ocupados segundo a distribuição de renda nos anos considerados para os trabalhadores de ensino médio foi acompanhada por outro movimento distributivo nas ocupações com maior nível de escolaridade. Desse modo, houve maior concentração de

Figura 4.7 – Brasil: evolução da distribuição por quintil de renda dos ocupados com rendimento e ensino médio em anos selecionados (total = 100%)

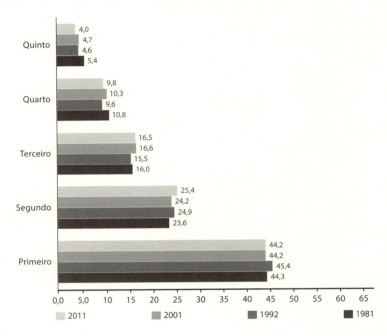

Fonte: IBGE/PNADs (elaboração do autor)

ocupados com nível de ensino superior nos dois últimos quintis de renda. Assim, os 40% mais ricos da distribuição de renda aumentaram sua participação relativa entre o total dos ocupados de 9,7% em 2001 para 10,6% em 2011. No entanto, em 1981, esses mesmos dois quintis de renda chegaram a representar 13,1% do total da ocupação no Brasil.

Entre 2001 e 2011, os 20% mais pobres da distribuição de renda permaneceram estabilizados em 54,4% das ocupações. Além disso, o segundo (2,6%) e o terceiro (1,5%) quintis da distribuição de renda decresceram suas participações relativas entre os ocupados no mesmo período de tempo. (Ver figura 4.8.)

A partir de uma breve análise da evolução da composição das ocupações segundo a repartição de renda, pode-se avançar para uma abordagem da

Figura 4.8 – Brasil: evolução da distribuição por quintil de renda dos ocupados com rendimento e ensino superior em anos selecionados (total = 100%)

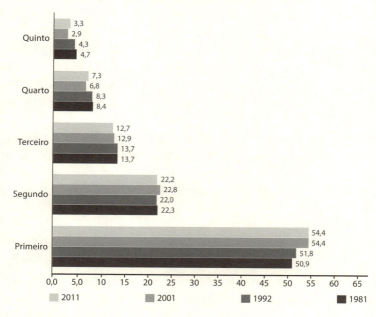

Fonte: IBGE/PNADs (elaboração do autor)

trajetória distributiva. Isso deve permitir uma melhor compreensão a respeito da apropriação do rendimento do trabalho pelos brasileiros no período de tempo selecionado.

4.3. Mudanças na distribuição de renda

O comportamento da renda tem sido um dos importantes elementos explicativos dos efeitos distributivos na estrutura da sociedade. Por conta disso, torna-se fundamental considerar a evolução da repartição da renda ao longo do tempo, pois dessa forma é que se pode compreender melhor como a estrutura social de um país se reflete nas trajetórias distributivas.

Nesse sentido, tomou-se como referência o comportamento da estrutura de distribuição da renda nas últimas quatro décadas. A partir das informações da Pesquisa Nacional por Amostra de Domicílios (PNAD) do IBGE obtidas para os anos de 1981, 1992, 2001 e 2011, pode-se compreender a evolução das estruturas de repartição de renda nas décadas precedentes, isto é, nas décadas de 1970, 1980, 1990 e 2000. A análise comparativa entre os quatro anos permite tratar de trajetórias distributivas ao longo do tempo. Foram consideradas na análise de evolução da renda as partes constitutivas do rendimento familiar (somatória dos rendimentos de todos os membros ativos e inativos da família), do rendimento individual (ativo e inativo) e do rendimento dos ocupados (ativos).

Assim, têm-se condições para avaliar em que medida a estrutura de repartição da renda terminou sendo afetada pela trajetória distributiva no Brasil. Conforme se poderá constatar a seguir, o país estabeleceu uma nova trajetória distributiva a partir da virada do século XXI.

4.3.1. Renda familiar

De acordo com a evolução na repartição do rendimento familiar da população brasileira com renda, destaca-se que o peso relativo dos 20% mais pobres (primeiro quintil da distribuição de renda) registrou uma trajetória de queda nos anos de 1981, 1992 e 2001. Entre 1981 e 2001, o peso relativo do primeiro quintil de renda caiu 6,1%.

A mesma trajetória de queda também foi observada em relação ao segundo, terceiro e quarto quintis da repartição da renda nacional. Numa comparação entre o ano de 2001 e o de 1981, o segundo quintil registrou uma diminuição de 4,3%, o terceiro, de 6,0%, e o quarto, de 5,5%. O ano de 1992, contudo, representou uma distinção interessante, pois todos os três quintis intermediários (segundo, terceiro e quarto) registraram aumentos de participação relativa na renda das famílias em relação a 1981. Na sequência, contudo, a queda se mostrou muito mais pronunciada, quando cotejada com o ano de 2001.

De todo modo, o único quintil de renda das famílias cujo peso relativo cresceu foi o superior. Assim, os 20% mais ricos da população aumentaram suas participações relativas, passando de 58,4%, em 1981, para 60,6%, em 2001, o que significou uma elevação de 3,4% no mesmo período de tempo. Situação equivalente foi verificada nos quintis intermediários, com o aumento de suas participações relativas entre 1981 e 1992 e uma diminuição no período de 1992 e 2001. Para os 20% mais ricos, ocorreu uma trajetória de queda no início para na sequência haver significativa elevação. Em síntese, houve um decréscimo de 4,8% entre 1981 e 1992 e uma elevação de 9% entre 1992 e 2001. (Ver figura 4.9.)

Figura 4.9 – Brasil: evolução da distribuição por quintil de renda da população com rendimento familiar em anos selecionados (total = 100%)

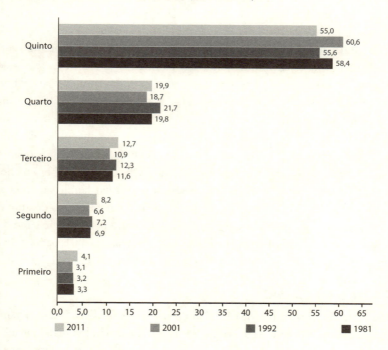

Fonte: IBGE/ PNADs (elaboração do autor)

Dada a trajetória da concentração de renda, verifica-se um aumento da distância que separa os dois extremos da distribuição do rendimento familiar. No ano de 2001, por exemplo, o peso relativo dos 20% das famílias mais ricas na renda nacional era 19,5 vezes maior que a participação dos 20% das famílias mais pobres, enquanto em 1981 essa diferença foi de 17,7 vezes.

Ou seja, nota-se um crescimento de 10,2% no grau de desigualdade entre os extremos da distribuição de renda.

Na década de 2000, a distribuição de renda se modificou, com o registro de uma maior participação por parte de 80% da população. Entre 2001 e 2011, por exemplo, a parcela dos 20% das famílias mais pobres na renda nacional aumentou 32,3%, enquanto o crescimento foi 24,2% no segundo quintil, de 16,5% no terceiro e de 6,4% no quarto. Apenas a participação relativa dos 20% das famílias mais ricas diminuiu 9,2%. Assim, em 2011, o último quintil da distribuição de renda absorvia 55% da renda nacional, enquanto no ano de 2001 sua participação era de 60,6%.

A mudança recente no sentido da trajetória distributiva indicou uma desconcentração na repartição da renda das famílias. A diferença entre o peso relativo dos 20% das famílias mais ricas e dos 20% das famílias mais pobres era de 19,5 vezes em 2001, passando para 13,4 vezes no ano de 2011, o que significou uma queda de 31,3%.

Por outro lado, observa-se que 40% da população com menor rendimento no Brasil capturou 12,3% da renda de todas as famílias em 2011, enquanto em 2001 essa mesma parcela absorvia somente 9,7%, ou seja, 21,1% a menos do que em 2011. Em 1992, a participação dos 40% das famílias de menor renda era de 10,4%, isto é, um valor 15,4% abaixo em relação ao do ano de 2011. No caso dos 40% das famílias mais ricas houve pouco decréscimo. O peso relativo na distribuição de renda passou de 79,3%, em 2001, para 74,9%, em 2011. No ano de 1981, esse valor era de 78,2%, e em 1992, de 77,3%.

4.3.2. Renda individual

Para além do movimento distributivo da renda das famílias, interessa também analisar a evolução da distribuição do rendimento individual. Consideram-se, para isso, todos os indivíduos com 14 anos ou mais com rendimento, seja na condição de ativos ocupados, seja na de inativos receptores de alguma forma de renda (aposentadoria, pensão, programa de transferência de renda, entre outros). Nota-se que no período de 1981 a 2011 não se percebe o mesmo sentido da trajetória distributiva verificada anteriormente no conjunto das rendas familiares. Em vez de dois movimentos nítidos no processo distributivo entre a renda das famílias antes e depois de 2001, constata-se que no caso da renda dos indivíduos a trajetória de inversão distributiva inicia-se antecipadamente.

No primeiro quintil de renda dos indivíduos, por exemplo, após um estancamento de sua participação relativa entre os anos de 1981 e 1992, houve uma importante elevação de 27,6% registrada em 2001. Além disso, dez anos depois, a participação dos 20% dos indivíduos mais pobres voltou a crescer (21,6%). Por outro lado, no extremo da distribuição de renda, a participação dos 20% dos indivíduos mais ricos não sofreu alteração entre os anos de 1981, 1992 e 2001. Somente em 2011 é que se registrou uma queda de 8,8%.

Em função disso, a desigualdade medida pela diferença entre as participações do primeiro (o mais pobre) e do quinto (o mais rico) quintis de distribuição de renda permaneceu estável entre os anos de 1981 (21,5 vezes) e 1992 (21,4 vezes). No ano de 2001 (16,9 vezes), a desigualdade entre os extremos da distribuição de renda individual decresceu 21% e, em 2011 (12,6 vezes), decaiu mais 25,4%.

Nos quintis intermediários (segundo, terceiro e quarto), o sentido distributivo também não foi homogêneo. No segundo quintil, por exemplo, houve aumento na participação (12,7%) da renda individual da população de 14 anos ou mais com rendimento entre 1981 e 1992, e queda (9,9%) entre 1992 e 2001. Na sequência, entre os anos de 2001 e 2011, houve novo aumento na participação relativa (34,4%) do segundo quintil. No terceiro quintil, a queda do peso relativo da renda individual da população ocorreu somente em 1992 (5,7%), de modo que nos anos de 2001 e 2011 os aumentos na participação da renda foram de 3% e 14,7%, respectivamente.

Por fim, o quarto quintil registrou estabilidade em sua participação relativa na distribuição de renda individual entre 1981 e 1992. No ano de 2001 houve queda de 3,9% e aumento de 5,8% em 2011.

Ao se tomar como referência a participação na distribuição de renda dos 40% dos indivíduos mais pobres, percebem-se os crescimentos de 9,2% em 1992, de 10% em 2001 e de 13,2% no ano de 2011. No caso dos 40% dos indivíduos com maior rendimento, o movimento foi inverso; houve quedas de 0,4% entre 1981 (80,4%) e 1992 (80,1%), de 0,5% em 2001 (79,7%) e de 5,6% em 2011 (75,2%). (Ver figura 4.10.)

Figura 4.10 – Brasil: evolução da distribuição por quintil de renda da população com rendimento individual em anos selecionados (total = 100%)

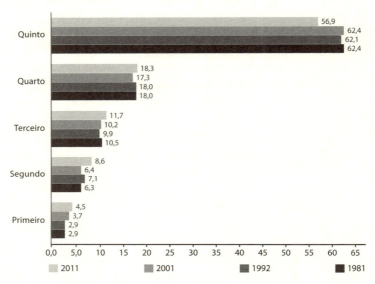

Fonte: IBGE/PNADs (elaboração do autor)

4.3.3. Renda dos ocupados

Uma vez analisada a evolução das estruturas de rendimento das famílias e dos indivíduos nos últimos 30 anos, resta acompanhar o movimento ocorrido na renda proveniente fundamentalmente do exercício do trabalho. Isso porque as rendas das famílias e dos indivíduos contêm a presença importante dos rendimentos originados pela intervenção das políticas públicas, como aposentadoria, pensão, seguro-desemprego, programas variados de transferência de renda, entre outras.

No caso da renda dos ocupados, o valor total segue mais a dinâmica do funcionamento do mercado de trabalho, ainda que contenha a presença da ação do Estado. Isso porque o comportamento do rendimento do trabalho expressa a influência das políticas governamentais no emprego e na remuneração de funcionários públicos, no valor do salário mínimo e nos benefícios do marco regulatório para os empregados e desempregados.

Nesse sentido, identifica-se um movimento do mercado de trabalho menos desfavorável para os 20% mais pobres dos ocupados na primeira década do século XXI. Ao mesmo tempo, constata-se também tanto uma queda relativa no peso dos 20% mais ricos dos ocupados quanto uma expansão dos quintis intermediários da distribuição de renda.

O resultado desse movimento foi a redução significativa do grau de desigualdade no conjunto da renda dos ocupados em 2011. Antes disso, ou seja, entre 1981 (3%) e 1992 (2,8%), por exemplo, o peso relativo dos 20% dos ocupados de menor rendimento decaiu 6,7%, enquanto subiu 25% em 2001 (3,5%) e 40% em 2011 (4,9%).

No caso do quinto quintil da distribuição, sua participação relativa aumentou em 1992 (0,3%) e em 2001 (1%). No ano de 2011, a queda no peso relativo da renda dos 20% mais ricos diminuiu 9,3%.

Em função disso, a trajetória da desigualdade na participação dos 20% dos ocupados com menor rendimento em relação ao peso dos 20% dos ocupados mais ricos registrou aumento de 7,3% entre 1981 (20,5 vezes) e 1992 (22 vezes). Nos anos seguintes, houve queda de 19,1% em 2001 (17,8 vezes) e de 35,4% em 2011 (11,5 vezes). Nos mesmos anos, o segundo e o quarto quintis da distribuição de renda dos ocupados apresentaram trajetória semelhante, isto é, crescimento entre 1981 e 1992 e entre 2001 e 2011, bem como decréscimo de 1992 a 2001. O terceiro quintil decaiu em 1992, estabilizou-se em 2001 e somente cresceu em 2011.

No caso dos 40% dos ocupados mais pobres (primeiro e segundo quintis), registra-se estabilidade em sua participação relativa na renda total entre 1981 e 1992 (9,7%). Em 2001 (10,1%) e em 2011 (13,5%), houve elevações de 4,1% e de 33,7%, respectivamente, no peso dos dois quintos dos ocupados de menor rendimento. No entanto, percebe-se que no caso dos 40% dos ocupados de maior rendimento houve aumento de 0,9% em sua participação relativa na renda verificada entre os anos de 1981 e 1992. Nos anos seguintes, contudo, contabilizaram-se quedas de 0,5% entre 1992 e 2001 e de 6,4% entre 2001 e 2011. (Ver figura 4.11.)

Para a trajetória distributiva da renda dos ocupados, cabe também considerar os efeitos do emprego e da remuneração nos distintos setores de atividade econômica. Pode-se observar, por exemplo, que o setor terciário da

132   O mito da grande classe média

Figura 4.11 – Brasil: evolução da distribuição por quintil de renda dos ocupados com rendimento em anos selecionados (total = 100%)

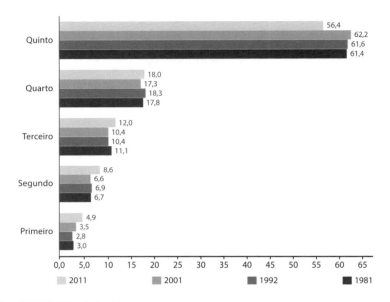

Fonte: IBGE/PNADs (elaboração do autor)

economia, constituído pelos serviços públicos e privados e pelo comércio, trouxe a maior contribuição para a elevação da participação de renda dos ocupados no período analisado, ao contrário do que ocorreu no setor primário (agropecuária, extração mineral e vegetal), que foi o que menos contribuiu para a alteração da trajetória distributiva dos ocupados.

Em relação às últimas quatro décadas, o peso do primeiro quintil na distribuição da renda dos ocupados do setor primário somente aumentou entre os anos de 1992 e 2001 (12,5%). Nos demais períodos selecionados de tempo, houve quedas de 25,6% entre 1981 e 1992 e de 11,1% entre 2001 e 2011. No outro extremo da distribuição de renda dos ocupados no setor primário, houve elevação de 4,8% apenas no período de 1981 e 1992, enquanto se registram quedas de 2,4% entre 1992 e 2001 e de 5,2% entre 2001 e 2011. Assim, o grau de desigualdade na renda dos ocupados por quintis entre os extremos da distribuição aumentou de 13,6 vezes, em 1981, para 17,7 vezes, em 2011.

Os quintis intermediários aumentaram suas participações relativas na comparação do ano de 1981 com o de 2011. Nesse período, somente o primeiro e o quinto quintis da distribuição de renda dos ocupados no setor primário apresentaram os menores pesos relativos à distribuição da renda. (Ver figura 4.12.)

Figura 4.12 – Brasil: evolução da distribuição por quintil de renda dos ocupados com rendimento no setor primário da economia em anos selecionados (total = 100%)

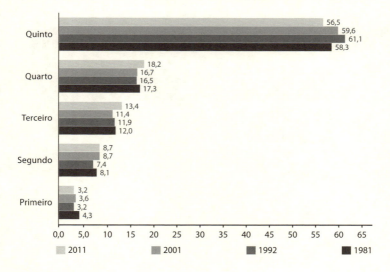

Fonte: IBGE/PNADs (elaboração do autor)

Na ocupação do setor secundário da economia brasileira, composta principalmente pelas indústrias de transformação e de construção civil, a trajetória distributiva teve outro sentido. Desde 1981, houve um aumento na participação relativa do primeiro quintil da distribuição da renda dos ocupados com crescimentos de 5% em 1992, de 14,3% em 2001 e de 37,5% em 2011. Já o segundo e o terceiro quintis da distribuição decresceram seus pesos relativos somente em 1992 para aumentarem tanto em 2001 quanto em 2011. O quarto e o quinto quintis de renda dos ocupados elevaram suas posições relativas em 1992, mas decresceram em 2001. No ano de 2011, o quarto quintil aumentou sua participação relativa na renda dos ocupados em 8,5%, enquanto o quinto quintil decresceu em 12,1% o seu peso relativo.

Com isso, a desigualdade entre os extremos da distribuição de renda caiu significativamente. Em 2011, a diferença entre a participação do quinto quintil de renda em relação ao primeiro quintil foi de 7,6 vezes, enquanto em 1981 essa diferença era de 14,5 vezes. Isso significou, portanto, uma diminuição de 47,6% no grau de desigualdade da renda dos ocupados no setor secundário de economia brasileira. (Ver figura 4.13.)

Figura 4.13 – Brasil: evolução da distribuição por quintil de renda dos ocupados com rendimento no setor secundário da economia em anos selecionados (total = 100%)

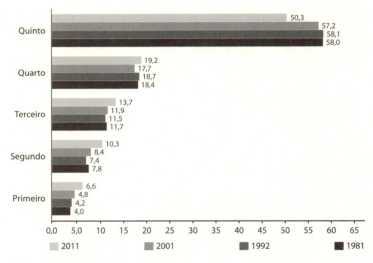

Fonte: IBGE/PNADs (elaboração do autor)

Em relação ao setor terciário da economia, a distribuição da renda dos ocupados apresentou mudanças ainda mais expressivas. De um lado, houve um maior e contínuo crescimento da participação na renda dos 20% ocupados mais pobres desde 1981. No ano de 1992, por exemplo, a participação relativa dessa parcela cresceu 3,8%, e, nos anos de 2001 e 2011, os aumentos foram de 25,9% e 50%, respectivamente. De outro, como o peso relativo do quinto quintil caiu em 1992 e 2011, a redução na desigualdade entre os extremos da distribuição foi elevada. No ano de 2011, por exemplo, o grau de desigualdade entre o quinto e o primeiro quintil na repartição da renda dos ocupados do setor terciário foi de 11,2 vezes ante a diferença de 23,7 vezes constatada em 1981, o que correspondeu a uma queda de 52,7% no mesmo período de tempo.

Os segundo e quarto quintis subiram suas participações relativas em 1992 e 2011, apresentando queda em 2001. Em compensação, o peso relativo na renda do terceiro quintil decresceu em 1992 e 2001, para somente em 2011 voltar a aumentar sua posição relativa na renda dos ocupados do setor terciário. (Ver figura 4.14.)

Figura 4.14 – Brasil: evolução da distribuição por quintil dos ocupados com rendimento no setor terciário da economia em anos selecionados (total = 100%)

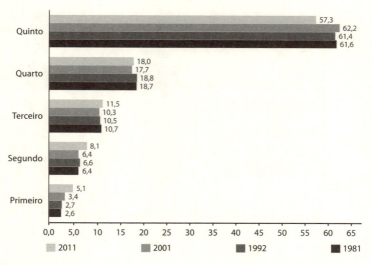

Fonte: IBGE/PNADs (elaboração do autor)

Além dos setores da atividade econômica, considera-se também a trajetória distributiva dos ocupados segundo o nível de escolaridade. Com isso, pode-se observar melhor o comportamento da repartição da renda entre 1981 e 2011.

Nota-se, por exemplo, que entre os ocupados com ensino fundamental o peso relativo na renda do primeiro quintil decresceu em 1992 (20%) e aumentou em 2001 (11,1%) e em 2011 (37,5%). No outro extremo, o do quinto quintil, a participação relativa aumentou em 1992 (0,6%) e em 2001 (2,8%), decaindo no ano de 2011(3,7%). Como consequência, o grau de desigualdade entre a participação relativa dos 20% mais ricos com ensino fundamental e a dos 20% mais pobres também com ensino fundamental caiu de 13,1 vezes, em 1992, para 8,5 vezes, em 2011, o que significou um decréscimo de 35,1%.

No que tange à desigualdade medida entre as participações relativas dos 40% dos ocupados de maior remuneração e dos 40% de menor remuneração, também se observa idêntico movimento de queda. No ano de 2011, a diferença entre as duas participações foi de 3,9 vezes, e, em 1992, de 5,4 vezes, o que representou uma diminuição de 27,8% na desigualdade de renda entre os quintis. (Ver figura 4.15.)

Figura 4.15 – Brasil: evolução da distribuição por quintil de renda dos ocupados com ensino fundamental e com rendimento em anos selecionados (total = 100%)

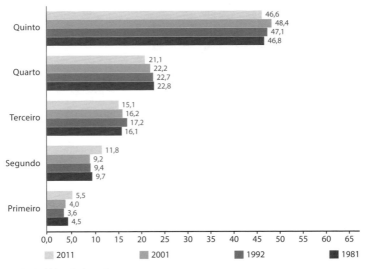

Fonte: IBGE/PNADs (elaboração do autor)

Com relação aos ocupados do ensino médio, nota-se que a trajetória distributiva se diferenciou sobretudo no quinto quintil. Isso porque o peso relativo na renda total dos 20% ocupados de maior rendimento cresceu em 1992 (0,6%) e em 2011 (3,8%), caindo, entretanto, em 2001 (3,9%). No caso do primeiro quintil de distribuição do rendimento dos ocupados, constata-se um movimento distinto. Ou seja, houve aumentos relativos no ano de 2001 (9,6%) e de 2011 (21,1%) e uma queda em 1992 (14,7%) entre os 20% mais pobres dos ocupados.

Assim, o grau de desigualdade entre as pontas da distribuição por quintil de renda dos ocupados cresceu 25,6% somente na comparação entre os anos de 1981 e 1992. Na sequência, percebe-se uma queda na desigualdade na comparação entre 1992 e 2001 (12,3%) e entre 2001 e 2011 (14,2%).

No conjunto dos quintis intermediários (segundo, terceiro e quarto) da distribuição de renda dos ocupados, houve queda na participação em relação ao total do rendimento entre 2001 e 2011. A maior diminuição ocorreu no segundo quintil (9,5%), seguido pelo quarto quintil (5,7%) e pelo terceiro quintil (4,1%) da distribuição dos ocupados de ensino médio na comparação do mesmo período de tempo. (Ver figura 4.16.)

Figura 4.16 – Brasil: evolução da distribuição por quintil de renda dos ocupados com ensino médio e com rendimento em anos selecionados (total = 100%)

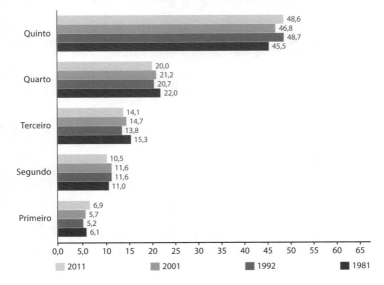

Fonte: IBGE/PNADs (elaboração do autor)

Por fim, analisa-se a distribuição da renda dos ocupados com ensino superior. O quintil dos trabalhadores de menor rendimento decresceu seu peso relativo em 1992 (6,7%) e em 2011 (4,5%), com um aumento em 2001 (4,8%). O quintil de maior renda dos ocupados com ensino superior cresceu sua participação relativa tanto em 1992 (1,6%) quanto em 2001 (8,8%), decaindo em 2011 (1,8%).

O resultado da desigualdade medida entre os quintis extremos da distribuição do rendimento entre os ocupados de ensino superior indicou crescimentos em 1992 (8,8%), em 2001 (3,9%) e em 2011 (2,9%). Somente o terceiro (1,7%) e quarto (5,1%) quintis da distribuição de renda dos ocupados de ensino superior aumentaram seus pesos relativos, enquanto o segundo quintil permaneceu estável entre os anos de 2001 e 2011. (Ver figura 4.17.)

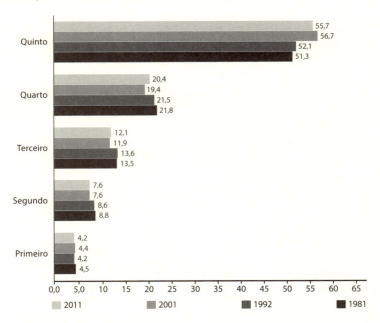

Figura 4.17 – Brasil: evolução da distribuição por quintil de renda dos ocupados com ensino superior e com rendimento em anos selecionados (total = 100%)

Fonte: IBGE/PNADs (elaboração do autor)

Considerações finais

A análise relativa à evolução temporal da estrutura de repartição na renda revela alterações importantes na composição das ocupações por quintis de rendimentos, bem como na apropriação da renda por indivíduos e famílias no Brasil. Se entre os anos selecionados, condizentes com o período de 1981 a 2001, houve relativa estabilidade na estrutura regressiva da distribuição de renda, o mesmo não pode ser dito em relação à primeira década do século XXI.

Constatou-se nos anos 2000 uma leve desconcentração do conjunto das ocupações situadas no primeiro quintil da distribuição do rendimento dos trabalhadores. Da mesma forma, no que tange a esse primeiro quintil, não obstante a redução de sua dimensão relativa, cresceu o peso da renda absorvida.

Assim, compreende-se que após longo período em que a composição das ocupações não registrava significativas modificações, na década de 2000 começaram a ser registradas alterações substanciais na estrutura dos postos de trabalho concentrados fundamentalmente na base da pirâmide social do país. O resultado disso foi a ampliação da renda absorvida pelo segmento populacional representado pelos 40% mais pobres dos brasileiros.

Essa ampliação no nível do rendimento dos trabalhadores de menor rendimento permitiu ampliar o consumo, uma vez que esse segmento social dificilmente teria condições de poupar, dada a demanda reprimida historicamente. Com isso, a elevação no rendimento permitiu incluir, pelo consumo, parcela importante da sociedade, derivada dos movimentos positivos das ocupações e dos rendimentos dos trabalhadores de salário de base.

REFERÊNCIAS BIBLIOGRÁFICAS

AGLIETTÀ, M. *Regulación y crisis del capitalismo: la experiencia de los Estados Unidos.* Trad. Juan Bueno. Cidade do México, Siglo Veintiuno, 1979.

AMORIM, H. *Trabalho imaterial: Marx e o debate contemporâneo.* São Paulo, Annablume/Fapesp, 2009.

ANDERSON, P. *Arguments Within English Marxism.* Londres, Verso, 1980.

ANDRADE, R.; MENDONÇA, A. (orgs.). *Regulação bancária e dinâmica financeira: evolução e perspectivas a partir dos Acordos de Basileia.* Campinas, IE/Editora da Unicamp, 2006.

ANTUNES, D. *Capitalismo e desigualdade.* Campinas, IE/Editora da Unicamp, 2011.

ANTUNES, R. *Adeus ao trabalho?: ensaio sobre as metamorfoses e a centralidade do mundo do trabalho.* São Paulo/Campinas, Cortez/Editora da Unicamp, 1995.

_____. *Os sentidos do trabalho: ensaio sobre a afirmação e a negação do trabalho.* São Paulo, Boitempo, 1999.

ARRIGHI, G. *O longo século XX: dinheiro, poder e as origens de nosso tempo.* Trad. Vera Ribeiro. Rio de Janeiro/São Paulo, Contraponto/Editora Unesp, 1996.

BAKUNIN, M. Marx, the Bismarck of Socialism (1870). In: KRIMERMAN, L.; PERRY, P. (orgs.). *Patterns of Anarchy: A Collection of Writings on the Anarchist Tradition.* Nova York, Anchor Books, 1966.

BÁRCENA, A.; SERRA, N. (orgs.). *Clases medias y desarrollo en América Latina.* Santiago/Barcelona, Cepal/Cidob, 2010.

BARTELT, D. (org.). *A "nova classe média" no Brasil como conceito e projeto político.* Rio de Janeiro, Fundação Heinrich Böll, 2013.

BAUMAN, Z. *A sociedade individualizada: vidas contadas e histórias vividas.* Trad. José Gradel. Rio de Janeiro, Zahar, 2008.

_____. *Vida para o consumo: a transformação das pessoas em mercadoria*. Trad. Carlos Alberto Medeiros. Rio de Janeiro, Zahar, 2008.

BECK, U.; BECK-GERNSHEIM, E. *La individualización: el individualismo institucionalizado y sus consecuencias sociales y políticas*. Trad. Bernardo Moreno Carrillo. Barcelona, Paidós, 2003.

BEINSTEIN, J. *Capitalismo senil*. Trad. Ryta Vinagre. Rio de Janeiro, Record, 2001.

BELL, D. *O advento da sociedade pós-industrial: uma tentativa de previsão social*. Trad. Heloysa de Lima Dantas. São Paulo, Cultrix, 1977.

BERNSTEIN, E. *Las premisas del socialismo y las tareas de la socialdemocracia*. Trad. Alfonso Aricho. Cidade do México, Siglo Veintiuno, 1982.

BEVERIDGE, W. *Pleno empleo en una sociedad libre*. Trad. Pilar López Máñez. Madri, MTSS, 1988.

BIDOU-ZACHARLASEN, C. À propos de la "service class": les classes moyennes dans la sociologie britannique. *Revue Française de Sociologie*. Paris, v. 41, n. 4, 2000, p. 777-96.

BINDÉ, J. (org.). *Rumo às sociedades do conhecimento: relatório mundial da Unesco*. Lisboa, Instituto Piaget, 2008.

BOEHMER, E.; NASH, R.; NETTER, J. Bank Privatization in Developing and Developed Countries: Cross-Sectional Evidence on the Impact of Economic and Political Factors. *Journal of Banking and Finance*. Roma, v. 29, 2005, p. 1981-2013.

BOMSEL, O. *L'économie immatérielle: industries et marchés d'expériences*. Paris, Gallimard, 2010.

BOURDIEU, P. *Distinction: A Social Critique of the Judgement of Taste*. Trad. Richard Nice. Londres, Routledge, 1984.

_____. *A economia das trocas simbólicas*. Trad. Sergio Miceli et al. 2. ed., São Paulo, Perspectiva, 2009.

BRAVERMAN, H. *Trabalho e capital monopolista: a degradação do trabalho no século XX*. Trad. Nathanael C. Caixeiro. 3. ed., Rio de Janeiro, Zahar, 1980.

BURNHAM, J. *The Managerial Revolution*. Bloomington, IUP, 1960.

CARNEIRO, R. *Commodities, choques externos e crescimento: reflexões sobre a América Latina*. Santiago, Nações Unidas, 2012. (Série Macroeconomia del desarrollo, n. 117).

CARTER, B. *Capitalism, Class Conflict and the New Middle Class*. Londres, Routledge/Kegan Paul, 1985.

CASTEL, R. *As metamorfoses da questão social: uma crônica do salário*. Trad. Iraci D. Poleti. 2. ed., Petrópolis, Vozes, 1998.

CASTELLS, M. *A sociedade em rede*. São Paulo, Paz e Terra, 1999, v. 2.

CASTRO, J.; RIBEIRO, J. *Situação social brasileira*. Brasília, Ipea, 2009.

CHAUI, M. Uma nova classe trabalhadora. In: SADER, E. (org.). *10 anos de governos pós-neoliberais no Brasil: Lula e Dilma*. São Paulo/Rio de Janeiro, Boitempo/Flacso, 2013.

CHAUVEL, L. *Le destin des générations: structure sociale et cohortes en France au XXe siècle*. 2. ed., Paris, PUF, 2002.

_____. *Les classes moyennes à la derive*. Paris, Seuil, 2006.

CLARKE, G. et al. *Structural Reform in Latin American Banking Since 1990*. Stanford, LASU, 2004.

CNI. *O futuro da indústria no Brasil e no mundo: os desafios do século XXI*. Rio de Janeiro, Campus, 1999.

COATES, D. *Models of Capitalism: Growth and Stagnation in the Modern Era*. Cambridge/Oxford, Polity, 2000.

COHEN, L. *A Consumer's Republic: The Politics of Mass Consumption in Postwar America*. Nova York, Vintage, 2003.

DAHRENDORF, R. *Class and Class Conflict in Industrial Societies*. Londres, Routledge/Kegan Paul, 1959.

DOERINGER, P.; PIORE, M. *Internal Labour Markets and Manpower Analysis*. 2. ed., Nova York, Sharpe, 1985.

DUNLOP, J. *Sistemas de relaciones industriales*. Trad. Amadeo Monrabá. Barcelona, Península, 1978.

DURKHEIM, E. *Da divisão do trabalho social*. Trad. Eduardo Brandão. 2. ed., São Paulo, Martins Fontes, 2004.

EARP, F.; PAULANI, L. *Mudanças no consumo de bens culturais no Brasil após a estabilização da moeda*. Rio de Janeiro, IE/Editora UFRJ, 2011. (Série Textos para Discussão, n. 1).

ERIKSON, R; GOLDTHORPE, J. *The Constant Flux: A Study of Class Mobility in Industrial Societies*. Oxford, Clarendon, 1993.

FAUSTO, R. *Marx: lógica e política: investigações para uma reconstituição do sentido da dialética*. 2. ed., São Paulo, Brasiliense, tomo 2, 1987.

FERGUSON, N. *Civilization: The West and the Rest*. Londres, Penguin, 2011.

FRANCO, R; HOPENHAYN, M; LEÓN, A. (orgs.). *Las clases medias en América Latina*. Cidade do México, Siglo Veintiuno, 2010.

FRANK, R. *Riquistão*. Trad. Alessandra Mussi. Rio de Janeiro, Manole, 2008.

FREEMAN, R. *The Great Doubling: The Challenge of the New Global Labor Market*. Boston, FED, 2006.

FREYSSINET, J. *Le temps de travail en miettes*. Paris, L'Atelier, 1997.

FRIEDEN, J. *Capitalismo global: el trasfondo económico de la historia del siglo XX*. Trad. Juanmari Madariaga. Barcelona, Memoria Crítica, 2007.

FURTADO, C. *O mito do desenvolvimento*. São Paulo, Círculo do Livro, 1979.

GAGGI, M.; NARDUZZI, E. *El fin de la clase media y el nacimiento de la sociedad de bajo coste*. Trad. Cuqui Weller. Madri, Lengua de Trapo, 2007.

GALBRAITH, J. *O novo estado industrial*. Trad. Leônidas Gontijo de Carvalho. São Paulo, Abril Cultural, 1982.

GIDDENS, A. *Beyond Left and Right: The Future of Radical Politics*. Cambridge, Polity, 1994.

_____. *A terceira via: reflexões sobre o impasse político atual e o futuro da social-democracia*. Trad. Maria Luiza X. de A. Borges. Rio de Janeiro, Record, 1999.

_____. *Capitalismo e moderna teoria social: análise das obras de Marx, Durkheim e Max Weber*. Trad. Maria do Carmo Cary. 5. ed., Lisboa, Presença, 2000.

GIMENEZ, D. *Ordem liberal e a questão social no Brasil: desenvolvimento econômico e os limites para enfrentar a questão social no Brasil contemporâneo*. São Paulo: IE/Editora da Unicamp/LTr, 2008.

GODELIER, M. *Antropologia*. Trad. Evaldo Sintoni et al. São Paulo, Ática, 1981.

GOLDTHORPE, J. *Social Mobility and Class Structure in Modern Britain*. Oxford, Clarendon, 1987.

_____ et al. *The Affluent Worker: Political Attitudes and Behaviour*. Cambridge, CUP, 1968.

GORDON, D.; EDWARDS, R.; REICH, M. *Segmented Work, Divided Workers: The Historical Transformation of Labor in the United States*. Cambridge, CUP, 1982.

GORZ, A. *Adeus ao proletariado: para além do socialismo*. Trad. Angela Ramalho Vianna, Sérgio Góes de Paula. 2. ed., Rio de Janeiro, Forense Universitária, 1987.

_____. *O imaterial: conhecimento, valor e capital*. Trad. Celso Azzan Júnior. 2. ed., São Paulo, Annablume, 2009.

GOULDNER, A. *El futuro de los intelectuales y el ascenso de la nueva clase*. Trad. Néstor Míguez. Madri, Alianza, 1979.

GUERRA, A. et al. *Classe média: desenvolvimento e crise*. São Paulo, Cortez, 2006.

GUTTMANN, R. Uma introdução ao capitalismo dirigido pelas finanças. *Novos Estudos*. São Paulo, Cebrap, n. 82, 2008, p. 11-33.

HABIB, L. *La force de l'immatériel: pour transformer l'économie*. Paris, PUF, 2011.

HARDT, M.; NEGRI, A. *Multidão: guerra e democracia na era do Império*. Trad. Clóvis Marques. Rio de Janeiro, Record, 2005.

HOPENHAYN, M. *Ni apocalípticos ni integrados: aventuras de la modernidad en América Latina*. 2. ed., Cidade do México, FCE, 2006.

INFANTE, R. (org.). *La calidad del empleo: la experiencia de los países latinoamericanos y de los Estados Unidos*. Santiago, OIT, 1999.

IPEA. *Brasil em desenvolvimento: estado, planejamento e políticas públicas*. Brasília, Ipea, 2009.

JABBOUR, E. *China: infraestrutura e crescimento econômico.* São Paulo, Anita Garibaldi, 2006.

JAMES, L. *The Middle Class: A History.* Londres, Little, Brown, 2006.

JOBERT, B. (org.). *Le tournant néo-libéral en Europe.* Paris, L'Harmattan, 1994.

KAISER, B. Pour une analyse de la classe moyenne dans les pays du Tiers Monde. *Revue Tiers Monde.* Paris, v. 26, n. 101, jan.-mar. 1985, p. 7-30.

KAUTSKY, K. *A ditadura do proletariado.* Trad. Eduardo Sucupira Filho. São Paulo, Ciências Humanas, 1979.

KAZIS, R.; MILLER, M. (orgs.). *Low-Wage Workers in the New Economy: Strategies for Productivity and Opportunity.* Washington, DC, UIP, 2001.

KERR, C. et al. *Industrialism and Industrial Man: The Problems of Labor and Management in Economic Growth.* Princeton, PUP, 1975.

KHARAS, H. *The Emerging Middle Class in Developing Countries.* Paris, OECD, 2010. (Série Working Papers, n. 285).

KUMAR, K. *Da sociedade pós-industrial à pós-moderna: novas teorias sobre o mundo contemporâneo.* Trad. Carlos Alberto Medeiros. 2. ed., Rio de Janeiro, Zahar, 1997.

LAVAU, G.; GRUNBERG, G.; MAYER, N. *L'univers politique des classes moyennes.* Paris, PFNSP, 1983.

LEÃO, R.; COSTA PINTO, E.; ACIOLY, L. (orgs.). *A China na nova configuração global: impactos políticos e econômicos.* Brasília, Ipea, 2011.

LENIN, V. A revolução proletária e o renegado de Kautsky. In: _____. *Obras escolhidas.* Lisboa, Avante, 1977.

LIPIETZ, A. *La société en sablier: le partage du travail contre la déchirure sociale.* Paris, La Découverte, 1996.

LOJKINE, J. *La classe ouvrière en mutations.* Paris, Messidor, 1986.

_____. *La révolution informationnelle.* Paris, PUF, 1992.

_____. *L'adieu à la classe moyenne.* Paris, La Dispute, 2005.

MADDISON, A. *The World Economy: Historical Statistics.* Paris, OECD, 2003.

MALLET, S. *La nouvelle classe ouvrière.* Paris, Seuil, 1963.

MARX, K. *O capital: crítica da economia política.* Trad. Reginaldo Sant'Anna. 22. ed., Rio de Janeiro, Civilização Brasileira, 2004.

_____. *Grundrisse: manuscritos econômicos de 1857-1858: esboços da crítica da economia política.* Trad. Mario Duayer et al. São Paulo, Boitempo, 2011.

_____. *O 18 de brumário de Luís Bonaparte.* Trad. Nélio Schneider. São Paulo, Boitempo, 2011.

MASI, D. (org.). *A sociedade pós-industrial.* São Paulo, Senac, 1999.

MATSUYAMA, K. The Rise of Man Consumption Societies. *Journal of Political Economy*. Chicago, The University of Chicago Press, v. 110, n. 5, 2002, p. 1035-70.

MATTOSO, J. *A desordem do trabalho*. São Paulo, Scritta, 1995.

MAZOYER, M.; ROUDART, L. *História das agriculturas no mundo: do neolítico à crise contemporânea*. Trad. Cláudia F. Falluh Balduino Ferreira. São Paulo, Editora Unesp, 2009.

MCCAIN, J.; SALTER, M. *Why Courage Matters: The Way to a Braver Life*. Nova York, Random House, 2004.

MEDEIROS, C. Desenvolvimento econômico e ascensão nacional. In: FIORI, J.; MEDEIROS, C.; SERRANO, F. (orgs.). *O mito do colapso do poder americano*. Rio de Janeiro, Record, 2008.

MELLO, J.; NOVAIS, F. *Capitalismo tardio e sociabilidade moderna*. São Paulo, Editora Unesp, 2009.

MELMAN, E. *Depois do capitalismo: do gerencialismo à democracia no ambiente de trabalho: história e perspectivas*. São Paulo, Futura, 2002.

MENDRAS, H. *La seconde révolution française: 1965-1984*. Paris, Gallimard, 1988.

MERLLIÉ, D.; PRÉVOT, J. *La mobilité sociale*. Paris, La Découverte, 1997.

MILLS, C. *White Collar: The American Middle Classes*. Oxford, OUP, 2002.

MOUHOUD, E. *Mondialisation et délocalisation des entreprises*. Paris, La Découverte, 2008.

NAPOLEONI, L. *Economia bandida*. Trad. Pedro Jorgensen Júnior. Rio de Janeiro, Difel, 2010.

NEFFA, J.; TOLEDO, E. *Trabajo y modelos productivos en América Latina: Argentina, Brasil, Colombia, México, y Venezuela luego de las crisis del modo de desarrollo neoliberal*. Buenos Aires, Clacso, 2010.

NICOLAUS, M. *El Marx desconocido: proletariado y clase media en Marx: coreografía hegeliana y dialéctica capitalista*. Trad. Fernando Santos Fontenla. Barcelona, Anagrama, 1972.

NISBET, R. The Decline and Fall of Social Class. *Pacific Sociological Review*. Berkeley, UCP, v. 2, n. 1, 1959, p. 11-7.

NOLAN, P.; ZHANG, J. Global Competition After the Financial Crisis. *New Left Review*, Londres, v. 64, jul.-ago. 2010, p. 97-108.

OCDE. *Perspectives du développement mondial: le basculement de la richesse*. Paris, OCDE, 2010.

_____. *Perspectives économiques de l'Amérique Latine*. Paris, OCDE, 2010.

OFFE, C. New Social Movements: Challenging the Boundaries of Institutional Politics. *Social Research*. Nova York, The New School, v. 52, n. 4, 1985, p. 817-68.

_____. *Capitalismo desorganizado: transformações contemporâneas do trabalho e da política*. Trad. Wanda Caldeira Brant. São Paulo, Brasiliense, 1989.

OLIVEIRA, F. O surgimento do antivalor: capital, força de trabalho e fundo público. *Novos Estudos*. São Paulo, Cebrap, n. 22, 1988, p. 8-28.

PEUGNY, C. *Le destin au berceau: inégalités et reproduction sociale*. Paris, Seuil, 2013.

PINÇON, M.; PINÇON-CHARLOT, M. *Voyage en grande bourgeoisie: journal d'enquête*. Paris, PUF, 2010.

POCHMANN, M. *Políticas do trabalho e de garantia de renda no capitalismo em mudança: um estudo sobre as experiências da França, da Inglaterra, da Itália e do Brasil desde o segundo pós-guerra aos dias de hoje*. São Paulo, LTr, 1995.

_____. *O emprego na globalização: a nova divisão internacional do trabalho e os caminhos que o Brasil escolheu*. São Paulo, Boitempo, 2001.

_____. *Desenvolvimento e novas perspectivas para o Brasil*. São Paulo, Cortez, 2010.

_____. *O trabalho no Brasil pós-neoliberal*. Brasília, Liber, 2011.

_____. *Classes do trabalho em mutação*. Rio de Janeiro, Revan, 2012.

_____. *Nova classe média?: o trabalho na base da pirâmide social brasileira*. São Paulo, Boitempo, 2012.

_____. *Subdesenvolvimento e trabalho*. São Paulo, LTr, 2013. (Coleção Debates Contemporâneos, v. 10).

POULTANZAS, N. *Les classes sociales dans le capitalisme aujourd'hui*. Paris, Seuil, 1974.

PRZEWORSKI, A. *Capitalism and Social Democracy*. Cambridge, MIT, 1985.

QUADROS, W. *Brasil: estagnação e crise*. São Paulo, Gelre, 2004.

_____. *A evolução da estrutura social brasileira: notas metodológicas*. Campinas, IE/Editora da Unicamp, 2008. (Série Textos para discussão, n. 148).

_____; GIMENEZ, D.; ANTUNES, D. O Brasil e a nova classe média dos anos 2000. *Carta Social e do Trabalho*. Campinas, Cesit/IE/Editora da Unicamp, n. 20, out.-dez. 2012.

REICH, R. *Supercapitalismo*. Rio de Janeiro, Elsevier, 2008.

ROTHKOPF, D. *Superclass: The Global Power Elite and the World They Are Making*. Londres, Little, Brown, 2008.

SARTI, F.; HIRATUKA, C. (orgs.). *Perspectivas do investimento na indústria*. Rio de Janeiro, Synergia, 2010.

SENNETT, R. *O declínio do homem público: as tiranias da intimidade*. Trad. Lygia Araújo Watanabe. São Paulo, Companhia das Letras, 1999.

SHAPIRO, R. *A previsão do futuro: como as novas potências transformarão os próximos 10 anos*. Trad. Mario Pina. Rio de Janeiro, Best Business, 2010.

SIMMEL, G. *Sociologie et épistémologie*. Paris, PUF, 1981.

STUMPO, G. (org.) *Empresas transnacionales: procesos de reestructuración industrial y políticas económicas en América Latina.* Buenos Aires, Alianza, 1998.

STURGEON, T.; MEMEDOVIC, O. *Mapping Global Value Chain: Intermediate Goods Trade and Structural Change in the World Economy.* Viena, Unido, 2011. (Série Working Papers, v. 5).

TEIXEIRA, A. (org.). *Utópicos, heréticos e malditos: os precursores do pensamento social de nossa época.* Rio de Janeiro, Record, 2002.

THOMPSON, E. *A formação da classe operária inglesa: a árvore da liberdade.* Trad. Denise Bottmann, Renato Busatto Neto, Cláudia Rocha de Almeida. Rio de Janeiro, Paz e Terra, 1987.

TOURAINE, A. *La conscience ouvrière.* Paris, Seuil, 1966.

_____. *La société post-industrielle: naissance d'une société.* Paris, Denoël/Gonthier, 1969.

WEBER, M. *Economia e sociedade: fundamentos da sociologia compreensiva.* Trad. Regis Barbosa, Karen Elsabe Barbosa. 4. ed., Brasília, UnB, 2004.

WILENSKY, H. *The Welfare State and Equality: Structural and Ideological Roots of Public Expenditures.* Berkeley, UCP, 1975.

WRIGHT, E. Rethinking, Once Again, the Concept of Class Structure. In: WRIGHT, E. (org.). *The Debate on Classes.* Londres, Verso, 1989.

ZWEIG, F. *The Worker in an Affluent Society: Family Life and Industry.* Londres, Heinemann, 1969.

COLEÇÃO
Mundo do Trabalho
Coordenação **Ricardo Antunes**

ALÉM DA FÁBRICA
Marco Aurélio Santana e José Ricardo Ramalho (orgs.)

A CÂMARA ESCURA
Jesus Ranieri

O CONCEITO DE DIALÉTICA EM LUKÁCS
István Mészáros

ATUALIDADE HISTÓRICA DA OFENSIVA SOCIALISTA
István Mészáros

O CARACOL E SUA CONCHA
Ricardo Antunes

O CONTINENTE DO LABOR
Ricardo Antunes

A CRISE ESTRUTURAL DO CAPITAL
István Mészáros

CRÍTICA À RAZÃO INFORMAL
Manoel Luiz Malaguti

DA GRANDE NOITE À ALTERNATIVA
Alain Bihr

DA MISÉRIA IDEOLÓGICA À CRISE DO CAPITAL
Maria Orlanda Pinassi

A DÉCADA NEOLIBERAL E A CRISE DOS SINDICATOS NO BRASIL
Adalberto Moreira Cardoso

A DESMEDIDA DO CAPITAL
Danièle Linhart

O DESAFIO E O FARDO DO TEMPO HISTÓRICO
István Mészáros

DO CORPORATIVISMO AO NEOLIBERALISMO
Angela Araújo (org.)

A EDUCAÇÃO PARA ALÉM DO CAPITAL
István Mészáros

O EMPREGO NA GLOBALIZAÇÃO
Marcio Pochmann

O EMPREGO NO DESENVOLVIMENTO DA NAÇÃO
Marcio Pochmann

ESTRUTURA SOCIAL E FORMAS DE CONSCIÊNCIA I e II
István Mészáros

FILOSOFIA, IDEOLOGIA E CIÊNCIA SOCIAL
István Mészáros

FORÇAS DO TRABALHO
Beverly J. Silver

FORDISMO E TOYOTISMO
Thomas Gounet

HOMENS PARTIDOS
Marco Aurélio Santana

INFOPROLETÁRIOS
Ricardo Antunes e Ruy Braga (orgs.)

LINHAS DE MONTAGEM
Antonio Luigi Negro

A MÁQUINA AUTOMOTIVA
EM SUAS PARTES
Geraldo Augusto Pinto

MAIS TRABALHO!
Sadi Dal Rosso

O MISTER DE FAZER DINHEIRO
Nise Jinkings

NEOLIBERALISMO, TRABALHO
E SINDICATOS
Huw Beynon, José Ricardo Ramalho,
John McIlroy e Ricardo Antunes (orgs.)

NOVA DIVISÃO SEXUAL
DO TRABALHO?
Helena Hirata

NOVA CLASSE MÉDIA
Marcio Pochmann

O NOVO (E PRECÁRIO)
MUNDO DO TRABALHO
Giovanni Alves

A OBRA DE SARTRE
István Mészáros

PARA ALÉM DO CAPITAL
István Mészáros

A PERDA DA RAZÃO SOCIAL
DO TRABALHO
Maria da Graça Druck e
Tânia Franco (orgs.)

POBREZA E EXPLORAÇÃO DO
TRABALHO NA AMÉRICA LA TINA
Pierre Salama

O PODER DA IDEOLOGIA
István Mészáros

A POLÍTICA DO PRECARIADO
Ruy Braga

RETORNO À CONDIÇÃO OPERÁRIA
Stéphane Beaud e Michel Pialoux

RIQUEZA E MISÉRIA DO TRABALHO
NO BRASIL I, II e III
Ricardo Antunes (org.)

O ROUBO DA FALA
Adalberto Paranhos

O SÉCULO XXI
István Mészáros

SEM MAQUIAGEM
Ludmila Costhek Abílio

OS SENTIDOS DO TRABALHO
Ricardo Antunes

SHOPPING CENTER
Valquíria Padilha

A SITUAÇÃO DA CLASSE
TRABALHADORA NA INGLATERA
Friedrich Engels

TERCEIRIZAÇÃO: (DES)FORDIZANDO
A FÁBRICA
Maria da Graça Druck

TRABALHO E DIALÉTICA
Jesus Ranieri

TRABALHO E SUBJETIVIDADE
Giovanni Alves

TRANSNACIONALIZAÇÃO DO
CAPITAL E FRAGMENTAÇÃO DOS
TRABALHADORES
João Bernardo

Publicado em maio de 2014, dez anos depois da implementação dos programas governamentais de transferência de renda, determinantes na constituição da atual estrutura social brasileira, como o Bolsa Família, a elevação real do salário mínimo e o crédito ao consumo, este livro foi composto em Adobe Garamond, corpo 10,5/13,6, e reimpresso em papel Avena 80 g/m² na gráfica Intergraf, para a Boitempo Editorial, em março de 2015, com tiragem de 2.000 exemplares.